지은이 **롤프 모리엔**Rolf Morrien

뮌스터대학교와 비엔나대학교에서 역사학, 경제학, 정치학을 전공했다. 졸업 후 경제 전문 저널리스트가 되어 독일 언론사 《악치엔아날뤼젠Aktien-Analysen》의 편집자로 일했다. 2002년부터 주식 정보 사이트를 운영하고 있다. 저서로는 독일 아마존 베스트셀러에 오른 『쉽게 이해하는 주식Börse leicht verständlich』, 『실전에 적용하는 주식정보Börseganz praktisch』, 『잃지 않는 투자법Verschenken Sie kein Geld!』 등이 있다.

하인츠 핀켈라우 Heinz Vinkelau

뮌스터대학교에서 국민경제와 경제사를 전공했다. 15년간 출판사에서 편집자로 일하다가 현재는 창업 컨설턴트로 활동하고 있다.

감수 **이상건**

미래에셋투자와연금센터 대표로 일하며 어려운 경제 지식을 일반 대중에게 쉽고 재밌게 전하는 다양한 활동을 이끌고 있다. 서강대 신문방송학과를 졸업했고 동부생명, 한경 와우TV 기자를 거쳐 경제주간지 《이코노미스트》의 금융 및 재테크 팀장을 지냈다. 저서로는 『부자들의 개인 도서관』, 『부자들의 생각을 읽는다』, 『돈 버는 사람은 분명 따로 있다』 등이 있으며, 감수한 책으로는 『조지 소로스, 금융시장의 새로운 패러다임』, 『피터 린치의 이기는 투자』, 『가치투자의 비밀』 외 다수가 있다.

번역 **강**

덕성 ⋯⋯⋯⋯⋯⋯ 대학교 통역번역대학 ⋯⋯⋯⋯⋯⋯ 역 활동을 했다. 현재 ⋯⋯⋯⋯⋯⋯ 중이다. 옮긴 책으로는 『말의 마지막 노래』, 『아름답거나 혹은 위태롭거나』, 『인간과 자연의 비밀 연대』, 『호모 에렉투스의 유전자 여행』, 『자연의 비밀 네트워크』, 『바이러스』, 『200세 시대가 온다』, 『노화, 그 오해와 진실』, 『워런 버핏』 등 다수가 있다.

더 클래식 존 템플턴

존 템플턴

월가의 영원한 스승

John Templeton

롤프 모리엔 · 하인츠 핀켈라우 지음 | 강영옥 옮김 | 이상건 감수

더 클래식

다산북스

"잊지 마라.
자신을 위해 부를 창조하는 비결은
다른 사람들을 위해 부를 창조하는 것이다."

- 존 템플턴

투자 비법이라는 것은
존재하지 않는다

우리가 흔히 위대한 투자가라고 부르는 이들 중 대다수는 어린 시절부터 투자의 역사에 한 획을 그을 만한 싹을 보였다. 템플턴 그로스 펀드Templeton Growh Fund(이하 'TGF')의의 설립자이자, 종교계의 노벨상이라고 할 수 있는 '템플턴상'을 제정한 '월간의 영원한 스승' 존 템플턴도 마찬가지였다. 어린 시절부터 사업 감각이 남달랐던 그는 네 살 때어머니의 정원에서 채소를 키운 뒤 가게에 내다 팔아서 첫이익을 남겼다.

머리가 좋았던 꼬마 템플턴은 여덟 살이 되었을 때 자기가 사는 도시에 불꽃놀이 제품을 파는 곳이 없다는 점을 눈여겨보곤 새로운 사업을 구상했다. 오하이오주에 폭죽을 우편으로 판매하는 상점이 있다는 것을 알아낸 것이다. 그는 여러 가지 폭죽을 대량으로 주문해서 폭죽 세트를 소포로 받아 가지고 있다가, 미국 독립기념일인 7월 4일에 친구들에게 팔았다. 나중에 그는 이 폭죽 장사로 꽤 많은 이익을 남겼다고 자랑스럽게 이야기했다.

과거 수십 년 혹은 수백 년 동안 성공적인 길을 걸어온 투자의 귀재들이 있다. 이들의 투자 전략은 이미 검증되었다. 그런데 왜 사람들은 이미 검증된 전략을 놔두고 엉뚱한 곳에서 길을 찾으려 하는 걸까? 대가들의 전략을 모방하는 것은 결코 부끄러운 일이 아니다. 오히려 어떤 전략이 성공적인지 알고 이해한 뒤 그로부터 새로운 전략을 발견해 실천에 옮기는 능력을 발휘해야 한다.

투자를 하는 사람들이 잊고 있지만 그 어떤 격언보다 진실에 가까운 말이 있다. "사람들은 10만 달러를 잃을 때까지 온갖 멍청한 짓을 한다." 사람들은 대체 왜 검증된 투자법을 무시한 채 자신의 아이디어만 고집할까? 왜 그렇게 실수를 되풀이하다 빈털터리가 되어서야 과거를 후회하고 절망할까? 우리는 모든 실패의 근원에는 무지가 자리하고 있다고 생각했다.

물론 이 책 한 권으로 전설적인 투자가들의 어린 시절을 전부 들여다볼 수는 없지만, 그럼에도 당신은 이 책을 통해 그들이 어떤 과정을 통해 배웠고 어떤 특성을 가진 인물로 성장했는지 알게 될 것이다. '더 클래식' 시리즈 1부에서는 먼저 전설적인 투자가들의 성장 과정을 다루고, 2부에서는 그들의 투자 성공기와 철학을 소개하고 있다.

투자의 귀재들로부터 투자법과 철학을 배운다면 잘못된 길로 빠질 가능성이 현저히 낮아질 것이다. 물론 그들의 전략을 그대로 베끼라는 뜻은 아니다. 이미 큰 성공을 거둔 투자자들의 결정 과정과 방식을 이해하면 투자에 도움이 된다는 이야기다. 이러한 관점에서 트렌 그리핀Tren Griffin이 쓴 『워런 버핏의 위대한 동업자, 찰리 멍거』는 유용한 책이다. 이 책에서 그리핀은 이렇게 말했다.

> "찰리 멍거Charles Munger와 워런 버핏처럼 성향이 비슷한 사람도 없을 것이다. 이들의 롤모델은 많은 사람이 본받고 싶어 하는 벤저민 프랭클린Benjamin Franklin이었다. 다만 그를 영웅으로 숭배하기보다는 그의 품성, 성격, 체계, 인생에 대해 진지하게 고민했다. 특히 멍거는 지금도 수백 편의 자서전을 읽는다. 다른 사람의 실패로부터 교훈을 얻는 것이야말로 가장 빠르게 똑똑해지는 방법이기 때문이다."

바로 이것이 주식 투자 후 바로 수익을 내지 못해도 위대한 투자의 거장들이 꿋꿋이 버틸 수 있었던 힘이었다. 워런 버핏Warren Buffett은 현대 주식 시장 역사상 가장 유명하고 성공한 투자자로 손꼽힌다. 그는 입버릇처럼 "투자는 단순하지만 쉬운 일은 아니다"라고 말한다. 그의 영원한 파트너인 찰리 멍거 역시 "단순한 아이디어를 진지하게 다루라"라고 이야기한다. 이처럼 투자에 성공하는 데에 어떤 신묘한 재주나 비법이 필요한 건 아니다. 존 템플턴 역시 좋은 종목을 고르거나 투자를 실행할 때 참고할 구체적인 체크리스트는 없다고 여러 번 인터뷰에서 밝혔다.

우리가 '위대한 투자의 거장들' 시리즈를 통해 소개하는 전략 역시 대부분 아주 단순하다. 하지만 가슴에 손을 얹고 생각해 보기 바란다. 그토록 기초적이고 간단한 투자의 규칙 중에서 제대로 알고 있거나 실전에 활용하고 있는 내용이 단 하나라도 있는가? 우리는 왜 이토록 검증된 투자법을 그동안 외면해 왔을까? 이 책이 그러한 문제의식에 답하는 첫 번째 공부가 되길 바란다.

전 세계 주식 투자가들의
정신적 지주

존 템플턴의 존재를 처음 알게 된 순간은 1997년 말로 거슬러 올라갑니다. 당시 저는 자그마한 재테크 잡지에서 기자 생활을 하고 있었습니다. 여의도 증권거래소에 출입한 지 얼마 되지 않았을 때였고 생소한 증권 용어를 공부해가며 주식 초심자로서 나름 고군분투하며 거래소를 취재하던 시절이었습니다. 처음부터 순탄치 않았습니다. 바로 몇 달 뒤 IMF 외환위기가 발발했기 때문입니다. 시장 분위기는 살벌했습니다. 투자자들은 살짝 닿기만 해도 날카로운 가시를 세우는 고슴도치처럼 예민해져 있었습니다. 아니, 절망 속에 허우적거리면서 자신의 분노를 표출할 대상만을 찾고 있었는지도 모릅니다. 사진기자 선배와 객장을 찾아 사진을 찍으려다 투자자들에게 몰매를 맞을 뻔한 적도 있습니다. 심한 욕설이 날아왔고, 일부 투자자들은 재수 없다며 사진기자의 카메라를 뺏으려 했습니다. 꽁무니 빠지게 객장을 도망 나왔습니다.

'왜 이런 일이 일어났을까?' '도대체 주식 시장이라는 곳은 어떤 곳일까?' '고통과 절망에 빠진 투자자들은 다시 구원받을 수 있을까?' 이런 상념이 가슴 한구석에서 쉼 없이 물결쳐 올라왔습니다. 주식 초보자가 감당하기에는 정말 어려운 시장이었습니다. 시장에는 비관론만 가득했고, 이러다 정말 나라가 망할 것 같았습니다.

그러던 어느 날, 한 외신 기사가 눈에 들어왔습니다. 저명한 해외 투자자가 개인 돈으로 한국의 미래를 낙관하며 주식을 대거 매수했다는 기사였습니다. 이 와중에 한국의 주식을 사다니, 그 투자자의 이름이 궁금했습니다. 그렇습니다. 그가 바로 존 템플턴이었습니다. 1998년 4월, 템플턴은 개인 돈 1000만 달러(당시 한화 가치로 약 138억 원)를 삼성전자, 한전 등 한국의 우량주에 투자했습니다. 이보다 앞서 1998년 1월 2일 《월스트리트저널》은 '세계적인 투자자인 존 템플턴이 지난해(1997년) 12월부터 한국 주식 시장에 투자를 시작, 외국인들의 한국 투자 시장을 선도하고 있다'라는 기사를 내보냈습니다. 템플턴이 한국 증시에 투자한 시기는 코스피(한국 종합 주가 지수)가 376.3(폐장지수 기준)을 기록하고 있을 때였습니다.

그때부터 저는 템플턴에 관한 책과 자료를 뒤지기 시작했습니다. 하지만 국내에는 템플턴의 저술이 전무한 상황이었고, 기사도 그리 많지 않았습니다. 결국 해외 인터넷 사이트를 검색해가며 그에 대해 알아갈 수밖에 없었습니다. 템플턴이 설립해 운용한 '템플턴 그로스 펀드'의 연평균 수익률은 15.36퍼센트였습니다. 이 수익률은 한두 해가 아닌 38년에 걸쳐 장기간 달성한 숫자였습니다. 연평균 수익률 15퍼센트라는 숫자는 복리로 따졌을 때 투자자들의 자산이 5년마다 두 배 이상씩 증가했다는 것을 의미합니다.

하지만 수익률로만 템플턴을 평가하는 것은 '장님 코끼리 만지는 격'에 불과합니다. 그를 위대한 투자자를 넘어 월가의 영원한 스승으로 만든 것은 수익률이 아니라 그가 보여준 삶에 대한 진정성과 태도였습니다.

* * *

검약, 검약, 검약…. 템플턴의 삶과 투자 철학을 공부하면서 저는 그의 주식 투자 기술보다 그의 삶 자체에 더 끌렸습니다. 대표적인 것이 바로 '50퍼센트 규칙'입니다. 템플턴은 첫 번째 부인 두들리와 결혼하면서 소득의 50퍼센트를 무조건 저금하겠다는 원칙을 세웠습니다(두들리는 템플턴과의 여행 중 오토바이 사고로 작고했습니다). 그는 이 원칙을 무려 20년 동안 지켰습니다. 자동차를 살 때도 늘 중고차를 샀죠. 젊은 시절 그가 구입했던 5대의 자동차는 모두 중고차였고 이 중에서 200달러가 넘는 자동차는 한 대도 없었습니다. 처음으로 200달러가 넘는 자동차를 구입한 때는 그의 재산이 25만 달러를 넘어선 뒤였습니다.

많은 사람이 투자로 돈만 벌려고 할 뿐 검약의 태도를 간과합니다. 하지만 독립적인 삶을 추구하는 사람은 검약을 실천합니다. 절제된 삶을 사는 이들은 빚에 의존하는 삶도 혐오합니다. 빚이 있다는 것은 어딘가에 매여 있다는 뜻이기 때문입니다. 얼마나 많은 사람이 '빚투'를 하다 잘못된 의사결정을 내렸습니까? 템플턴의 50퍼센트 규칙은 제게도 큰 영향을 미쳤습니다. 경제적으로 어려웠던 30대 시절, 투자보다 더 중요한 것이 검약이라는 사실을 템플턴에게 배웠습니다. 저도 그를 따라 10년 넘게 50퍼센트 규칙을 지키고 있습니다.

개인적으로 템플턴의 어록 중에서 가장 좋아하는 것이 있습니다. "자기 자신을 살아 있는 도서관으로 만들어라." 이 말은 "어떻게 하면 당신처럼 성공할 수 있습니까?"라는 어느 기자의 질문에 대한 템플턴의 대답이었다고 합니다. 그는 평생 공부하는 습관을 실천한 학습자였습니다. 이처럼 일류 투자가들은 자신의 경험뿐만 아니라 남의 경험을 통해서도 배웁니다. 특히 성공한 사례보다는 자신의 실수와 더불어 다른 사람들의 실수에 더 주목합니다. 인생에서 실수나 실패는 피할 수 없다는 사실을 잘 알기 때문입니다.

"현명한 사람은 자신의 실수를 통해서 배우지만 더 현
명한 사람은 다른 사람의 실수를 통해서도 배운다. 가
장 성공한 사람과 그렇지 못한 사람과의 차이는 1시간
더 책을 읽었거나 1시간 더 교육을 받았거나 1시간 더
공부를 한 것밖에는 없다."

존 템플턴을 언급할 때 빠지지 않고 등장하는 것이 있습니
다. 바로 '역발상 투자가'로서의 면모입니다. 역발상 투자
란 무엇일까요? 이를 압축해서 표현한 말이 '비관론 최고
조의 법칙'입니다. 비관론이 가득할 때, 공포로 길거리에
피가 얼룩져 있을 때, 시장이 끔찍한 절망에 빠져 있을 때
평소 관심을 두고 있던 주식을 과감하게 매수하라는 뜻입
니다. 어쩌다 그는 비관론 최고조의 법칙을 투자 신조로 갖
게 된 걸까요?.

"살아가다 보면 아주 특별한 경우를 제외하고 모두가
전망이 가장 좋은 곳만 찾기 마련이다. 직장을 구할 때

는 가장 앞날이 확실해 보이는 업종을 찾고, 공장을 짓는다면 향후 최고의 입지 조건을 갖출 곳을 원한다. 하지만 주식 시장에서 투자 기회를 찾는다면 반대로 생각해야 한다. 주식 투자자는 가능하면 기업의 가치에 비해 주가가 형편없이 낮을 때 주식을 사려고 해야 한다. 주식 시장에서 이처럼 싸게 살 수 있는 기회가 오는 건 단 한 가지 요인 때문이다. 다른 사람들이 모두 주식을 팔려고 하는 상황이 그것이다. 다른 이유는 있을 수 없다. 주식을 정상적인 가격보다 싸게 사려면 대다수의 사람이 공포에 사로잡혀 비관에 빠져 있을 때를 노려야 한다."

존 템플턴은 1997년 말 외환위기로 쑥대밭이 된 한국 증시에 과감히 투자했고, 2003년에는 주가가 크게 하락한 중국의 차이나생명과 차이나모바일 주식을 대량 매수해 각각 1000퍼센트와 600퍼센트가 넘는 수익률을 거두었습니다.

하지만 개인 투자자들이 공포와 절망으로 가득 찬 시장에서 자신의 돈을 선뜻 투자하기란 결코 쉽지 않은 일입니다.

이는 템플턴도 마찬가지였습니다. 그 역시 감정에 휘둘리는 인간이었기 때문에 늘 최악의 상황에 대비한 방책을 세워놓았다고 합니다. 즉 평소 주식 매수 리스트를 만들어놓고, 가격이 떨어지기만을 기다리다가 자신이 원하는 가격대에 도달하면 기계적으로 주식을 매수했다는 것이죠. 시장의 주가가 떨어진 다음에 매수할 종목을 탐색한다면 이미 늦었습니다. 처음부터 투자 기준을 명확히 세운 다음 매수 대상 리스트를 만들어놓아야 합니다. 그 상태에서 주가가 떨어지기를 기다린다면 분명 좋은 기회를 만들 수 있을 것입니다.

* * *

마지막으로 개인 투자자들이 명심했으면 하는 존 템플턴의 조언을 소개하고자 합니다. "투자의 목표는 세후 복리 수익률의 극대화에 있다." 복리는 우리를 천천히 부자로 만들어주는 강력한 마법의 도구입니다. 여전히 적지 않은 사람이 빨리 부자가 되고자 하지만 가치투자의 창시자 벤저민 그레이엄의 말처럼 '이 세상에 빨리 부자가 되는 법'

은 없습니다. 검약을 통해 종잣돈을 만들어 투자하고, 그렇게 창출한 수익을 계속해서 재투자하는 '복리 투자'야말로 우리가 믿어야 할 유일한 투자의 신앙입니다.

존 템플턴이라는 월가의 위대한 유산은 복리와 검약이라는 두 기둥 위에 놓여 있습니다. 그리고 이 두 기둥을 떠받치는 단단한 초석은, 언제라도 주식을 저가에 사들이기 위해 수시로 분석하고 연구하고 목록을 만들어두는 치열한 학습 습관이었습니다. 템플턴이 검증한 것처럼 독자 여러분도 검약과 복리 그리고 학습이라는 두 기둥과 초석을 통해 성공에 이르길 간절히 기원합니다.

미래에셋투자와연금센터 대표

이상건

목 차

1부 존 템플턴의 삶
담백하고 성실한 인생

2부 존 템플턴의 투자 철학
모든 것은 끊임없이 변합니다

부록

1부
존 템플턴의 삶

담백하고 성실한
인생

시장에 비가 올 때 주식을 사고

해가 뜰 때 팔 줄 알아야 한다.

소년, 투자의
재미를 맛보다

---------- 1912~1930 ----------

존 마크스 템플턴John Marks Templeton은 1912년 11월 29일 테네시주 남부의 농촌 도시 윈체스터에서 태어났다. 당시 윈체스터의 인구는 겨우 1400여 명이었지만 프랭클린 카운티의 행정 중심지였다.

존은 하비 맥스웰 템플턴Harvey Maxwell Templeton과 벨라 핸들리 템플턴Vella Handly Templeton 부부의 둘째 아들로 태어났다. 존의 아버지 하비는 대학을 다닌 적이 없었지만 변호사로 일하고 있었다. 하지만 변호사 수입만으로는 가족이 먹고 살기에 부족했으므로, 포자낭과 씨앗에서 면섬유를 추출할 수 있는 조면기繰綿機를 발명해 면직물 사업도 병행했다. 사업 수완이 좋았던 그는 면직물 창고를 지어 서비스를 제공하는 한편, 비료 소매업으로도 사업 영역을 넓혔다. 다재다능한 사업가였던 하비는 보험 중개인과 부동산 중개인, 임대 사업자, 그리고 뉴올리언스와 뉴욕의 면직물 투자자로 활약했다. 하지만 그가 가족을 부양하기 위해 여러 직업에 종사하며 온갖 노력을 기울였음에도 가정 형편은 늘 넉넉하지 않았고, 가족들은 사소한 것들을 포기하며 살아야 했다. 그런 절약 정신이 몸에 밴 덕분에 템플턴 가족은 프랭클린 카운티에서 처음으로 자가용을 갖게 되었고 집에 전화를 놓을 수도 있게 되었다.[1]

1920년대 미국을 덮친 농업 공황으로 인해 테네시주의 일부 농민들은 농장을 처분해야 했다. 이때 하비도 농장 경매에 입찰했다. 그의 변호사 사무실 바로 옆에 있는 윈체스터 광장에서 경매가 열렸는데, 하비는 이 경매를 통해 여섯 곳의 농장을 헐값에 사들였다. 존의 조카인 로런 템플턴Lauren

Templeton의 회고에 따르면, 아버지 하비가 경매장에서 시장 가격보다 싸게 농장을 사는 것을 관찰한 존이 나중에 그 방법을 투자자로서 실행에 옮긴 것이라고 한다.

> "당시 어린 소년이었던 존 삼촌이 관찰했던 것들을 바탕으로 그의 가장 유명한 투자 전략이 탄생했다. 이것이 바로 '가장 비관적인 시점에 매수한다'라는 전략이다. 존 삼촌은 이 전략을 '최대 비관주의의 원칙'이라고 부르기도 했다."[2]

어머니 벨라도 존의 성장과 발전에 중대한 영향을 끼쳤다. 벨라는 그 시대 보통 여성들에 비해 상당히 높은 수준의 교육을 받은 사람이었다. 윈체스터에서 고등학교를 졸업하고, 윈체스터 사범대학에서 수학과 그리스어와 라틴어를 전공했으며 대학 졸업 후에는 텍사스의 농장에서 2년 동안 가정교사로 일했다. 이후 고향으로 돌아와 오빠인 오스카 핸들리Oscar Handley의 상점에서 패션 제품 판매원이자 모자 제조원으로 근무하다 서른 살에 하비 템플턴과 결혼했다.

결혼 후 그녀는 가족이 소유한 대토지를 관리하며 과일과 채소 농사를 지었다. 동시에 닭과 돼지, 소를 키워 내다 팔기도 하고 밥상 위에도 올리는 살림꾼이었다. 신앙심이 매우 깊었던 벨라는 지역 장로교 교회 공동체에서도 활동했다. 아들들은 어머니에게 철저한 신앙 교육을 받으면서도 한편으로는 자유를 마음껏 누리며 살았다. 훗날 존 템플턴은 어머니의 교육과 관련해 이렇게 썼다. "어머니는 우리를 무한한 사랑과 쉼 없는 기도로 보살펴주셨고, 스스로 보고 배울 수 있는 자습서와 잡지를 사주셨다."[3]

존은 세 살 많은 사촌 형 하비 주니어Harvey Jr.와 함께 어머니가 사주신 책들을 보면서 전기 실험을 하곤 했다. "우리는 과학 실험을 좋아했다. 어머니가 따로 돈을 모아 사촌 형과 나에게 『지식의 책Das Buch des Wissens』 전집을 사주셨다. 우리는 이 책과 과학 및 기술 잡지《파퓰러메카닉스Popular Mechanics》에 빠져 지내면서 다락방에서 할 수 있는 실험은 다 해봤다. 어떤 실험은 머리카락이 곤두설 정도로 무서웠다. 한번은 약한 전류를 흘려 손가락에서 불꽃이 튀게 하거나 전구를 높이 들어올리기만 해도 불이 켜지게 하는 실험도 했다."[4]

두 꼬마 전기공은 직접 라디오를 조립해 청취하기도 했다. 그 작은 상자에 수신되는 건 스페인어 방송이 전부였지만 말이다.[5] 심지어 존은 여덟 살 때 어머니를 끈질기게 조른 끝에 산탄총을 손에 넣어 친구들과 사냥을 하러 가기도 했다. 이 일화만 보아도 벨라의 자유로운 교육관을 엿볼 수 있다.[6] 어린 존에게는 다소 눈에 띄는 또 다른 취미도 있었다. 그는 친구들과 함께 나뭇가지와 모기장을 이용해 나비잡이 망을 만들었다. 그러고는 이 거창한 나비잡이 여행을 떠나기 전에, 나비의 습성에 대해 자세히 공부해야 한다고 고집했다.

이렇듯 존 템플턴은 학교 친구들 사이에서 리더십을 발휘했다. 이 부분에 대해서는 그의 전기를 쓴 모든 작가의 의견이 일치한다. 열 살이던 5학년 때는 자신이 아이디어를 내서 만든 '기사와 강도'라는 게임에서 동네 친구들을 총지휘했다. 존은 동네 친구들을 두 팀으로 나눈 뒤 미들스트리트의 남쪽에 사는 아이들에게는 기사 역할을, 미들스트리트의 북쪽에 사는 아이들에게는 강도 역할을 맡겼다. 존의 본가는 사우스하이스트리트에 있었지만, 그는 미들스트리트의 남쪽 지역에서 자랐기 때문에 기사 팀에서 싸웠다.

> "존과 친구들은 자신들만의 기사 법전을 작성하고 나무를 깎아 검을 만들었으며, 심지어 모의 전투를 하면서 포로를 생포하기도 했다. 몇 달이 지나자 100명이 넘는 도시 아이들이 주말마다 모여 이 게임을 하게 되었다. 템플턴은 이 게임의 발명자였고 룰을 해석할 때 최종 결정권을 가지고 있었다."[7]

존은 틈이 날 때마다 어머니의 정원 일을 도왔는데, 그러다가 네 살이 되었을 때 생애 최초의 사업 아이디어를 떠올렸다. 정원에 화초만이 아니라 채소를 심으면 어떨까 하는 것이었다. 그는 정원에 콩 씨앗을 심은 뒤 정성껏 가꿔서 시장에 가져다 팔았고, 금방 상당한 소득을 거두었다.

여덟 살 때는 미국 독립기념일에 반 친구들에게 폭죽 세트를 판매하기도 했다. "아버지는 '상대가 무엇을 원하는지 찾아서 그의 욕구를 만족시켜라'라고 자주 말씀하셨다. 초등학교 3학년 때 나는 윈체스터에서는 폭죽을 파는 곳이 없다는 사실을 알게 되었다. 그래서 오하이오주에 있는 브라질노벨티컴퍼니Brazil Novelty Company에 편지를 보내 연발형, 원통형 등 여러 가지 폭죽을 주문했다. 폭죽 소포가 도착한 뒤에는 학교로 가지고 가서 비싼 가격에 되팔았다."[8]

존은 여덟 살 때 이미 '틈새시장'이 무엇인지 파악한 것이다. 약간의 조사를 통해 한 통신판매 업체에서 폭죽을 우편으로 판매한다는 사실을 알아냈고, 이렇게 사들인 폭죽을 친구들에게 다섯 배나 비싼 가격에 팔아 큰 이윤을 남겼다.[9] 그는 10대 시절에 생애 처음으로 자동차를 샀는데 이때도 기업가 정신을 유감없이 발휘했다. 어느 날 존은 친구들과 곡물 창고에서 놀다가 낡고 오래된 포드 자동차 한 대를 발견했다. 그는 창고 주인을 찾아가 그 차를 팔겠느냐고 물었다. 창고 주인과의 짧은 협상 끝에 템플턴은 고작 10달러를 주고 움직이지도 않는, 폐차 직전인 차의 주인이 되었다.

하지만 그는 움직이는 차를 원했다. 그래서 같은 모델의 고물 포드가 한 대 더 있어야겠다고 생각했다. 두 대의 고물 자동차를 조립해 쓸 만한 자동차로 만들기 위해서였다. 얼마 후 존은 고물 포드 한 대를 더 찾아냈고, 이번에도 10달러를 주고 샀다. 그는 반 친구들과 함께 머리를 짜내 고물차 두 대를 조립하여 실제로 타고 다닐 수 있는 자동차 한 대를 만들었다. 덜덜거리는 소리가 나던 차가 연기를 내뿜으며 시동이 걸리자 모두 환호성을 질렀다. 4년 후 존은 이 차를 팔아서 또 이익을 남겼다. 그가 고작 20달러를 투자하여 큰 이익을 남길 수 있었던 건 결코 기적이 아니다.[10]

어린 시절부터 템플턴은 미국의 여러 지역에 대해 잘 알고 있었다. 어머니 벨라가 여행을 좋아했기 때문이다. 1919년과 1920년 템플턴의 가족은 따뜻한 플로리다 지역에서 겨울 휴가를 보냈다. 1920년대의 미국에서는 대도시에만 포장도로가 깔려 있었기 때문에 템플턴 가족은 아주 꼼꼼하게 여행 계획을 세웠다. 게다가 당시에는 도로 표지판도 제대로 설치되어 있지 않았다.[11]

1925년 벨라는 두 달간의 자동차 여행을 계획했다. 여행지는 미국 북동부 지역이었다. 이번 여행 역시 철저하게 준비하고 꼼꼼하게 계획했다. 벨라는 여행을 통해 아이들이 무언가를 배워야 한다고 생각했기 때문에 워싱턴D.C.와 필라델피아와 뉴욕 등 미국 북동부 지역의 대도시와 주요 명소, 각종 박물관 등의 방문 계획을 세웠다. 잠은 주로 텐트에서 잤고 직접 요리를 해 식사를 해결했다. "템플턴가의 남자들처럼 아이디어가 풍부하다면 먹을 것을 걱정할 일이 없다. 존과 하비는 교대로 차를 타고 나가 길가 풀숲에서 돌아다니는 토끼들을 총으로 잡아 왔다."[12]

4년 후 벨라는 또 한 번 자동차에 연료를 가득 채웠다. 이번에는 존과 하비 주니어, 그리고 존의 학교 친구 한 명과 함께 미국 서부 지역을 돌며 공부하기 위함이었다. 이 여행의 목적은 미시시피강 서쪽 지역의 연방주와 역사 유적지, 국립공원, 태평양을 둘러보는 것이었다. 존의 조카 로런 템플턴은 회고록에서 "존 삼촌은 평생 이런 모험과 여행을 즐겼다"[13]라고 회상했다.

존 템플턴은 1925년 윈체스터에 있는 센트럴고등학교에 진학했다. 그는 여전히 전 과목에서 최고 점수를 받는 우등생이었다. 이곳에서도 템플턴은 리더십을 발휘하며 사교 클럽을 결성했다. 먼저, 이웃 도시에서 사립고등학교에 다니고 있던 사촌 오스카 핸들리 주니어Oscar Handly Jr.를 만났다. 그 학교에 '시그마파이오메가Sigma Phi Omega'라는 사교 클럽이 있기 때문이었다. 템플턴은 오스카에게 사교 클럽의 이모저모에 대해 들은 뒤, 윈체스터로 돌아와서 시그마파이오메가의 상부 조직에 편지를 보내 자신의 학교에 그 클럽의 지부를 세웠음을 알렸다. 그밖에도 템플턴은 윈체스터에서 '댄스의 밤'을 조직했고 이웃 도시 스워니에 있는 사우스대학교 댄스 행사에 참여하기도 했다. 고등학생 시절에 템플턴은 스포츠 활동도 활발히 했다. 체격이 좋은 편은 아니었지만 3년 동안 센트럴고등학교의 축구팀 선수로 경기에 출전했다.[14]

오래전부터 템플턴은 고등학교 졸업 후의 진로를 고민해 왔는데, 결국 예일대학교에서 경제학을 전공하기로 마음먹었다. 일단 사촌 형 하비 주니어가 뉴욕 북서부의 명문대학교에 다니고 있었고, 템플턴이 어떤 대학교에 진학하는 게 좋을지 의견을 구했을 때 거의 모든 사람이 이 학교를 추천했기 때문이다. 템플턴은 확신을 갖고 입학시험 준비를 시작했다. 전년도 기출 문제 사본도 구입했고, 모의시험에 응시하기 위해 내슈빌까지 갔다. 그런데 혼자 힘으로 해결할 수 없는 문제가 있었다. "예일대학교에 입학하려면 최소 4년 동안 라틴어, 영어, 수학 과정을 이수해야 한다. 하지만 센트럴고등학교의 수학 수업은 3년 과정이었다. 그래서 교장 선생님이 4년 차 과정인 기하학과 삼각함수 수업을 개설해주겠다고 했다. 하지만 조건이 있었다. 그 수업을 받으려면 최소 여덟 명의 학생을 모아 와야 한다는 것이었다. 연방주에서 요구하는 수업 개설 조건이 그러했기 때문이다. 학생들이 모두 모여 수업을 들은 뒤 교장 선생님이 준비한 시험을 치고 채점했는데 응시자 전원이 합격점을 받았다."[15]

1930년에 템플턴은 센트럴고등학교에서 그해 최고의 성적으로 졸업하면서 졸업생 대표 연설을 했다. 당연히 그는 예일대학교 입학시험에도 합격했다. 부족한 것이 있다면 오직 학비뿐이었다. 뉴잉글랜드에서 대학을 다니는 데 필요한 학비는 만만치 않았다. 부모님이 두 아들의 학자금으로 전쟁 채권을 마련해두었으나 그것만으로는 부족했다.

그래서 템플턴은 고등학교 졸업 후 일자리를 찾아서 허스트 퍼블리싱 컴퍼니Hearst Publishing Company에 잡지 영업사원으로 취직했다. 10대 청소년들과 함께 집집마다 돌아다니며《굿하우스키핑Good Housekeeping》과《코스모폴리탄 Cosmopolitan》을 파는 일이었다. 세계 경제 공황으로 어렵던 시절에 잡지를 파는 것은 결코 쉽지 않았다. 당시 출판사에서 제시한 특별 판매 수당은 영업사원들이 혹하고 넘어갈 만했다. 8주 동안 200부를 판매한 사람에게는 출판사에서 숙박비, 식비, 교통비를 모두 제공한다는 것이었다. 하지만 실제로 해보니 결코 쉬운 조건이 아니었고, 이 조건을 달성한 영업사원은 템플턴을 포함해 단 네 명밖에 없었다.

템플턴이 원했던 직업이 '잡지 파는 사람'은 아니었지만 이 일은 그의 인생에 소중한 경험으로 남았다. 당시 대학교 등록금은 한 학기당 1000달러에 달했는데 부족한 돈은 아버지가 지원해주었다. 이렇게 하여 템플턴은 1930년 가을 드디어 미국의 명문대학교인 예일대학교 경제학과에 입할 수 있었다.[16]

떠오르는 태양을 발견하라.

도박으로
주식을 배우다

---------- 1930~1936 ----------

템플턴이 입학하던 해에 예일대학교 신입생은 825명이었다. 사립고등학교 출신이 아닌 신입생은 무척 드물었는데 그중 한 명이 템플턴이었다. 그에게는 앞으로 자신을 이끌어줄 인맥이나 엘리트 코스의 관문인 사교 모임도 없었다. 이처럼 불리한 환경에서도 템플턴은 대학 생활을 훌륭하게 해냈다. 1학기 중간고사에서 10등 안에 들었고, '뉴욕예일클럽Yale Club of New York'에서 성적 우수상을 받았다.[17]

그러던 어느 날 비보가 날아들었다. 아버지가 더는 학비를 지원해줄 수 없다는 소식이었다. "2학기가 시작되었을 때 유감스러운 소식이 전해졌다. 아버지께서 더는 등록금을 대줄 수 없다고 하신 것이다. 나는 정말 열심히 공부할 수밖에 없었다. 반드시 1등을 해서 두 종류의 장학금을 받아 학비와 생활비를 충당해야 했다. 어머니는 채소와 달걀을 팔아 돈을 조금씩 모으셨고, 나는 왓슨 삼촌에게 200달러를 빌렸다. 이 돈은 나중에 어머니가 대신 갚아주셨다. 이 돈이 있었기에 예일대학교가 있는 뉴헤이븐까지 갈 수 있었고, 체계가 잘 갖춰진 '예일학생고용사무국Yale Bureau of Student Employment'에 일자리를 지원할 수 있었다. 이곳에서 오그던 밀러Ogden Miller라는 능력 있는 남자가 나를 잘 이끌어주었다. 그는 내가 장학금을 받고, 피어슨칼리지(예일대학교 산하 기숙대학)의 수석 조교와 학교 연보인 '예일배너앤드포트푸리Yale Banner and Pot Pourri' 발행 담당자 등 다양한 일자리를 통해 돈을 벌 수 있도록 도와주었다."[18]

템플턴은 그해 성적 우수자 가운데 한 사람으로 장학금을 받았고, '파이 베타 카파Phi Beta Kappa'라는 사교 클럽의 회장으로도 선출되었다. 하지만 여전히 학비를 벌기 위해 여러 가지 일을 해야 했다. 그래서 그는 피어슨칼리지 수석 조교로 일하며 1000달러를 벌었다.

1934년 템플턴이 발행에 참여했던 예일 연보의 판매 수익금이 정산되어 그중 일부가 템플턴에게도 지급되었다. 이 돈으로 그는 기숙사 옆방 친구였던 잭 그린Jack Green의 회사에 계좌를 개설했다. "내가 처음으로 매수한 주식은 스탠더드가스앤드일렉트릭컴퍼니Standard Gas and Electric Company의 7달러짜리 우선주였다. 세계 공황으로 액면가액의 12퍼센트에 매수할 수 있었다. 처음에는 800달러를, 나중에는 저축액을 투자했다. 이것이 내가 가지고 있는 전부였다."[19]

물론 학생 신분으로 아르바이트를 하여 번 돈만으로는 명문 사립대학교의 학비를 모두 충당할 수 없었다. 그래서 템플턴은 자신의 포커 지식을 동원했다. 그는 여덟 살 때부터 캄캄한 겨울 저녁 집 정원에서 친구들과 모여 푼돈 내기 포커를 하곤 했다. 그래서 포커 게임에 익숙했고, 더는 내놓을 패가 없는 상황이 무엇인지도 잘 알고 있었다. 게임을 할 때 어떤 심리적 트릭을 써야 하는지도 꿰뚫고 있었다. 템플턴은 이런 포커 노하우로 무장하고 친구들과 정기적으로 포커를 쳐서 어느 정도 수입을 얻을 수 있었다. 조카 로런은 이렇게 회상했다.

> "존 삼촌은 학비의 15퍼센트를 포커에서 딴 돈으로 충당했고 나머지 75퍼센트는 보조 업무와 성적 우수 장학금으로 마련했다. 삼촌의 포커 경력은 투자라는 관점에서 볼 때 특별한 의미였다. 삼촌이 포커의 고수였다는 점은 흥미로운 사실이다. 포커 게임에서 이기려면 예리한 감각이 필요한 것은 물론이고 확률을 계산할 줄 알아야 하며, 위험성을 파악하고 상대의 심리를 잘 활용할 줄도 알아야 하기 때문이다."[20]

템플턴은 검증된 포커 실력을 갖추고 있었지만 도박에 빠지지는 않았다. 대학 졸업 후에는 포커를 그만두었고 카드에 손을 대지도 않았다.

1932년 전공 과정에 들어간 템플턴은 전공을 경제학으로 선택했다. 주식을 어떻게 평가할 것인지에 대해 오랫동안 궁금증을 가졌는데 경제학에서 그 답을 찾을 수 있으리라 생각했기 때문이다. 그는 공부도 매우 열심히 했지만 사교 활동도 열심히 했다. 예일대학교에서 사귄 많은 친구들과 함께 대학 축구 경기를 관람하기도 했고 댄스 행사에도 참여했다. 그는 '제타 사이Zeta Psi' 사교 클럽과 '엘리후상급생모임Elihu Senior Society'의 회원으로도 활동했다.

예일대학교를 졸업하기 반년 전 템플턴은 피어슨칼리지 총장인 앨런 밸런타인Alan Valentine의 제안으로 로즈 장학금에 지원했다. 로즈 장학금은 권위 있는 장학금 지원 제도로 손꼽혔고, 이 장학금을 받은 학생에게는 영국 옥스퍼드대학교에서 공부할 기회가 주어졌다. 템플턴은 시험 성적으로 장학생 선발 위원회에 자신의 실력을 입증해 보였고, 뉴잉글랜드의 여섯 개 대학 졸업생 중 네 명에게만 수여되는 장학금 수혜자가 되었다.[21]

1934년 7월 템플턴은 예일대학교 경제학과를 차석으로 졸업했다. 그는 주식 투자로 진로를 정해놓은 상태였기 때문에 영국 옥스퍼드대학교에서 국제 금융과 비즈니스 경영을 공부하려고 했다. 하지만 당시 옥스퍼드 전공 과정에는 이 두 과목이 없었기 때문에 법학 전공을 선택했다. 1934년 가을 그는 배를 타고 영국 유학길에 올랐다.

옥스퍼드에서 공부하는 2년 동안 학생들은 상급생의 지도를 받았다. 예일과 비교했을 때 옥스퍼드에서의 대학 생활은 편안하고 즐거웠다. 늘 분주했던 예일 시절과 달리 옥스퍼드에서는 모든 것이 차분하게 돌아갔다. 중간고사 시험을 치를 필요도 없었고 학점을 신경 쓸 일도 없었으며 필수 과목도 없었다. 게다가 14주가 넘는 여름 방학과 6주간의 크리스마스 휴가, 부활절 휴가도 있었다.

로즈 장학금 덕분에 템플턴은 학비 걱정을 할 필요도 없었다. 그를 비롯한 로즈 장학생들은 로즈 재단을 통해 영국의 상류층을 소개받았고 다양한 가정에도 초대를 받았다. 이를 통해 영국과 영국 사람들에 대해 많은 것을 배울 수 있었다. 방학 때가 되면 템플턴은 학교 친구들과 함께 기차를 타고 유럽 곳곳을 여행했다. 어릴 적 여행 경험을 되살려 꿈

꼼꼼하게 계획을 짜고 경비가 너무 많이 들지 않도록 철저하게 신경 썼다. 1936년 봄 옥스퍼드를 졸업했을 때에는 친구와 함께 7주간 세계 일주를 떠나기도 했다. 두 사람은 북유럽에서 출발해 베를린 올림픽을 구경하고 오스트리아와 헝가리로 갔다. 이후 도나우 증기선을 타고 유고슬라비아와 루마니아로 넘어간 다음, 불가리아와 그리스를 여행하고 이집트와 이스라엘로 이동했다. 세계 일주의 마지막 목적지는 인도, 중국, 일본이었다. 두 사람은 총 35개국을 다니면서 주요 도시와 명소를 방문했다. 이 여행에 들어간 총비용은 겨우 90파운드였다. 지금으로 치면 상상조차 할 수 없을 정도로 적은 돈이다. 호텔 숙박비는 하루 평균 25센트에 불과했다.

영국으로 돌아온 후 두 사람은 학교 친구들에게 여행담을 들려주었다. 그중 한 명이 둘의 여행기를 기사로 써서 《굿 하우스키핑》 잡지에 팔았다. 그 친구는 기사를 팔아 얻은 수익을 두 사람과 나누었다. 원고료가 상당해서 여행 경비의 절반을 충당할 수 있을 정도였다.

주식 대가들의 게임, 포커

"존은 포커를 잘 쳤다. 아니, 아주 잘 쳤다."[22]

포커는 투자자들에게 매우 친근한 활동이다. 물론 주식의 대가들이 모두 포커에서 딴 돈으로 학비를 댄 것은 아니지만, 포커 게임에 대한 경험담을 이야기하는 이들이 많다.

예를 들어 찰리 멍거는 알래스카 군 복무 시절 오랫동안 포커를 쳤는데, 이때 나중에 투자자로 활동하는 데 필요한 것을 많이 배웠다고 확신했다.

"군 복무 시절과 풋내기 변호사 시절에 했던 포커 게임이 내 사업 능력을 키워주었다. 특히 이길 가능성이 낮을 때 오히려 판돈을 높게 부르는 타이밍을 포착하는 법을 배워야 한다. 좋은 패를 손에 쥘 확률은 매우 낮기 때문이다. 좋은 패가 왔을 때 기회를 낚아채는 건 더 어렵다."[23]

피터 린치Peter Lynch는 주식 투자를 포커 게임에 자주 비교했다.

"쉽게 말해 주식 시장은 도박판이다. 도박은 할 줄만 안다면 충분히 승산이 있는 게임이다. 당신이 주식을 보유하고 있는 한, 패를 뒤집어 보여줘야 할 카드는 항상 생기기 마련이다."[24]

많은 시간과 돈을 들여 조사한 후 주식을 매수할 필요가 있느냐는 질문을 받았을 땐 이렇게 대답했다.

"철저한 조사가 없는 투자는 패를 보지도 않고 게임을 하는 스터드 포커(개인이 가진 카드 중 일부만 상대방에게 공개하는 형태)[25]나 다름없다."[26]

군중과 다르게 행동하지 않고서는

훌륭한 성과를 올릴 수 없다.

바겐 헌터의
탄생

—————— 1937~1940 ——————

세계 일주를 떠나기 전 템플턴은 미국의 주식 중개인과 투자 전문가 100명에게 이력서를 보냈다. 미국으로 돌아가자마자 그동안 꿈꿔왔던 일을 시작하고 싶었기 때문이다. 1937년 봄 미국으로 돌아갔을 때 그의 우편함에는 면접시험을 보러 오라는 편지가 열두 통이나 와 있었다.

그는 자신이 원했던 직업 세계에 발을 들이기 전 오랫동안 사귀어온 여자 친구이자 약혼녀 주디스 더들리 포크스Judith

Dudley Folks와 결혼식을 올린 뒤 멕시코로 신혼여행을 떠났다. 1937년 5월 뉴욕으로 돌아온 후 더글리는 뉴욕의 광고 대행사에, 템플턴은 '페너앤드빈Fenner & Beane'이라는 투자 컨설팅 회사에 취직했다.[27] 두 사람의 첫 월급은 150달러였다.

첫 직장인 페너앤드빈에 입사한 지 얼마 지나지 않아 템플턴은 자신과 함께 로즈 장학금을 받았던 한 친구의 추천으로 구미가 당기는 제의를 받았다. 텍사스주 댈러스에 있는 내셔널 지오피지컬 컴퍼니National Geophysical Company에서 한 달 급여로 500달러를 주겠다며 일자리를 제안한 것이다. 페어앤드빈과 협의한 그는 새 일자리를 수락했고 아내와 함께 텍사스로 떠났다.

댈러스 시절 그는 짬이 날 때마다 회계와 미국 세법을 공부했다. 이곳에서 돈을 많이 벌 순 있었지만 그가 꿈꿔온 일은 아니었다. 템플턴은 직접 회사를 창업하고 싶었다. 그리고 1940년, 드디어 그에게 투자자문 회사를 인수할 기회가 생겼다. 그는 창업을 하기 전 처음으로 크게 투자를 감행했다. 이것이 바로 그에게 명성을 안겨준 전설의 '페니 스톡Penny Stock(저가의 투기 주식)' 거래다.

특정 투자와 거래에서 위대한 투자의 거장들 몇몇이 보인 특정 행동이 있는데, 템플턴도 예외가 아니었다. 1939년 템플턴은 시대가 변하리라는 조짐을 읽고 미국 주식에 대량으로 투자했다. 심지어 절대 빚을 지지 않는다는 자신의 원칙도 깨면서 자금을 최대한 투입했다.

1930년대 말 미국 경제는 아직 경제 공황에서 완전히 회복되지 않은 상태였다. 다우존스 산업 평균 지수는 150포인트에서 요동쳤고, 최고치는 1929년 증시 붕괴 직전에 도달했던 400포인트에 훨씬 못 미쳤다. 그러던 중 유럽에서 제2차 세계대전이 발발하자 템플턴은 이것을 기회라 생각하고 투자를 시작했다. 유럽의 전쟁이 미국 경제를 살릴 것이고, 지금까지 비효율적이었던 미국 기업들이 어부지리로 혜택을 보리라고 확신했다. 미국은 아직 전쟁에 개입하진 않았지만 연합국에 계속 물자를 공급하고 있었다. 그래서 그는 1939년 9월 자신의 첫 직장인 페너앤드빈의 대표 딕

플랫트Dick Platt에게 투자 자금으로 1만 달러를 빌려달라고 했다. 플랫트는 부탁을 들어주었고, 템플턴은 주식 중개인에게 1달러 미만에 거래되는 미국 기업의 주식을 전부 사들이라고 했다. 이렇게 하여 템플턴은 104개 기업의 페니 스톡을 매수했다. 플래트가 104개 기업 중 37개는 파산 상태라고 경고하자 템플턴은 이렇게 답했다. "상관없습니다. 파산을 했든 말든 최대한 사들일 것입니다!"**28**

그리고 템플턴의 예상대로 미국의 경기는 다시 살아났다. 불과 1년 만에 템플턴은 플랫트에게 빌렸던 돈을 모두 갚을 수 있었다. 그는 뭉텅이로 사들인 페니 스톡 주식을 차례차례 팔았다. 투자금 1만 달러는 무려 4만 달러가 되어 있었다. 대단한 수익률이었다. 104개 기업 중 투자에 실패한 곳은 고작 네 곳뿐이었다.**29** 나중에 템플턴은 페니 스톡 거래를 떠올리며 복잡한 감정을 내비쳤다. 그중 한 기업의 주식을 너무 빨리 처분했기 때문이다. "최고 주식은 미주리퍼시픽철도회사Missouri Pacific Railroad의 7달러짜리 우선주였다. 최초 발행 시 투자자들은 1주당 100달러를 지불했다. 나는 파산한 기업을 800주당 100달러에 매수했다. 엄청난 헐값이었다. 시간이 흐르자 경제는 회복됐고, 기간산업인 철도 경기는 특히 그 회복세가 빨랐다. 1달러가 채 되지 않았던 미주리퍼시픽철도회사 주가는 5달러가 되었고, 나는 신께 기도를 드렸다. 나는 감사한 마음으로 주식을 모두 처분했다. 그러나 5년 뒤에 이 회사의 주가는 105달러로 치솟았다. 이것이 나의 최악의 투자 일화 중 하나다."[30]

페니 스톡 거래에서 재미를 보지 못했다고 해도, 템플턴은 빚을 충분히 갚고도 남을 상황이었다. 당시 템플턴 가족의 개인 예금액이 이미 3만 달러를 넘었기 때문이었다.[31]

절약과 저축

"존은 억만장자였지만 비행기를 탈 때는 항상 일반석 티켓을 끊었다. 그는 비즈니스석에 대해 그만큼의 돈을 지불할 가치가 없다고 생각했다."[32]

템플턴은 항상 절약을 미덕으로 여겼고, 평생 검소하게 살았다. 예일대학교 시절만 하더라도 집안 사정이 좋지 않았기 때문에 단돈 1센트도 두세 번 고민하고 써야 했다. 이런 습관이 몸에 배어 있어서 이후에도 불필요한 지출을 매우 꺼렸다. 세계 일주를 할 때도 가장 저렴한 교통수단과 숙박 시설을 선택했다. "하루 숙박비로 가장 많이 지출한 곳은 두 사람이 75센트를 지불했던 베를린이었고, 가장 적게 지출한 곳은 두 사람이 10센트를 지불한 항저우였다."[33]

1937년 그는 더들리와 함께 뉴욕으로 왔다. 젊은 부부는 수입의 절반을 미래를 위해 투자하기로 했다. 두 사람은 지출을 최대한 줄이고 절약하는 생활을 했다. "우리는 이 계획을 친구들과 가족들에게 이야기하면서, 절약이 부담이 아닌 즐거움이 될 수 있다는 사실을 깨닫게 만들고 싶었다. 그 덕에 이스트강이 내려다보이고 가구까지 잘 갖춰져 있는 맨해튼의 월세 50달러짜리 방을 찾을 수 있었다. 친구들은 우리가 불과 50센트로 저녁 식사를 해결할 수 있는 레스토랑을 찾을 수 있도록 도와주었다."[34]

템플턴은 자동차에도 많은 돈을 쓰지 않았다.[35] 물론 나중에는 비싼 차를 샀다. 1972년에 제조된 롤스로이스 팬텀 IV를 구입했을 때에는 오히려 돈을 번 셈이라고 자랑스럽게 말했다. "나는 영국에서 이 차를 구입할 때 1만 2000파운드를 지불했다. 지금까지 15년 동안 끌고 다녔는데 중고차 시장에 내놓으면 5만 파운드는 받을 수 있다고 한다."[36]

그는 과거에 한국 시장에 투자할 때도 근면 성실한 한국인의 국민성과 높은 저축률에 좋은 점수를 주었다.[37]

최고의 성과는 집단이 아니라

개인에 의해 얻어지는 것이다.

가장 평화로운 순간에 닥친
비극

─────── 1940~1968 ───────

텍사스를 떠나 뉴욕으로 돌아온 템플턴은 당시 월가의 거물 조지 타운George Towne이 나이 때문에 회사를 매각할 계획이라는 소식을 들었다. 당시 타운이 운영하던 투자 컨설팅 회사는 고객이 겨우 여덟 명인 작은 회사였다. 템플턴은 이 기회를 놓치지 않고 5000달러에 타운의 회사를 인수했다. 그러고는 회사명을 '타운, 템플턴, 도브로Towne, Templeton, Dobbrow'로 변경했다. 2년 후에는 '밴스, 채핀앤드컴퍼니Vance, Chapin and Company'를 합병하여 회사명을 '템플

턴, 도브로앤드밴스주식회사Templeton, Dobbrow and Vance Inc.'로
바꾸었다.

창업한 첫해에는 회사에서 낸 수익이 많지 않아서 템플턴
부부는 저축해둔 돈으로 생활해야 했다. 하지만 이런 상황
은 그들에게 큰 문제가 아니었다. 절약하는 생활이 몸에 배
어 있었기 때문이다. "1940년에 우리가 찾아낸 월세 50달
러짜리 아파트는 이스트스트리트에 있는 6층 건물이었고,
엘리베이터도 없었다. 우리가 방 다섯 개에 가구를 들여놓
는 데 책정한 예산은 25달러였다. (…) 그중 우리가 가장 많
은 돈을 지출한 것은 5달러를 주고 산 취침용 소파였다. 원
래 이 소파는 200달러짜리였고 상태가 좋아서 20년 동안
사용했다."[38]

새 회사에 필요한 물품을 구입할 때에도 최대한 절약했다.
그는 자신이 전에 다니던 회사이자 그사이 메릴린치Merrill
Lynch(미국에 본사를 둔 세계적인 증권사였으나 2013년 뱅크오브아메리
카로 흡수통합되었다)에 합병된 페너앤드빈의 도서관을 단돈
20달러에 인수했고, 중고 타자기를 새 제품의 40퍼센트 가

격으로 구매했다. 이때쯤 템플턴의 개인 자산도 크게 불어
나 15만 달러에 이르러 있었다.

회사는 점점 커졌다. 처음 2년 동안은 저조한 실적을 보였
지만 이후에는 수익이 꾸준히 증가했다. '템플턴, 도브로
앤드밴스주식회사'는 록펠러센터의 RCA 빌딩에 사무실
을 임대하여 운영하고 있었는데 공간이 너무 좁아서 뉴저
지의 엥글우드로 사무실을 이전했다. 이곳의 임대 사무실
공간은 200제곱미터로 뉴욕 록펠러센터 사무실보다 딱히
크지는 않았지만 매년 임대료를 2000달러나 절약할 수 있
었다.[39]

가정생활도 순탄했다. 1939년에는 큰아들 존 주니어John
Jr.가 태어났고, 2년 후에는 큰딸 앤 더들리Anne Dudley가 태
어났다. 그리고 1946년에는 막내아들 크리스토퍼 윈스턴
Christopher Winston이 태어났다. 1944년 존 템플턴은 자신과
가족을 위해 뉴저지주의 엥글우드에 위치한 3000제곱미
터의 부지가 딸린 저택을 샀다. 이것도 원래 시세보다 한참
낮은 5000달러에 저가 매수한 것이다. 몇 년 후 더 큰 집으

로 이사할 때 템플턴은 구매한 가격보다 세 배나 더 높은 가격으로 이 집을 팔았다.[40]

내내 이어진 평화로운 순간에 먹구름이 드리우기 시작했다. 1950년 가을 어머니 벨라 템플턴이 세상을 떠났다. 이어 1951년 봄 오랜만에 버뮤다로 떠난 부부 여행에서 아내 더들리가 오토바이 사고를 당했고, 불행히 얼마 버티지 못하고 병원에서 세상을 떠났다. 템플턴은 깊은 상실감에 빠진 채 아이들에게 돌아갔고 절망의 나날을 보냈다. "나에게는 세 자녀가 있다. 아이들에게 엄마의 빈자리를 어떻게 채워주어야 할지 몰랐지만, 엄마를 대신하려고 노력했다. 하지만 나는 아이들과 종일 시간을 보낼 수가 없었다. 사업을 하고 돈을 벌어야 했기 때문이다. 그래서 집안일을 돌봐주던 도우미 중 로젤라 로미Rosezella Rommey에게 아이들의 가정교사가 되어달라고 부탁했다. 이렇게 처음 몇 주를 보낸 후 나는 깨달았다. 내가 밖에 나가 일하면서 비즈니스로 머리를 꽉 채우는 것이 최선이라는 사실을 말이다. 집안일을 돌보는 것보다는 고객 관리에 집중하는 편이 훨씬 나았다."[41]

템플턴은 일에 전력을 다하면서 아내를 잃은 슬픔을 견뎠다. 프린스턴 신학교의 재단 이사회를 맡았고, 롱아일랜드해협의 섬에 있는 여름 별장을 헐값에 사들였으며, 새로 설립된 기업인 단체인 '젊은 경영인 협회Young Presidents Organization(YPO)'에 가입했다. YPO를 통해 템플턴은 개인적으로나 사업적으로나 매우 도움이 되는 귀중한 인맥을 쌓았다.

템플턴은 다시 일에 집중했고, 1954년 캐나다에 템플턴 그로스 펀드 유한회사Templeton Growth Fund Ltd.를 설립했다. 이때 그가 만든 TGF는 보기 드문 장기 실적을 기록하며 템플턴의 이름을 월가에 널리 알렸다.

1958년 12월 템플턴은 아이린 버틀러Irene Butler라는 여성과 재혼했다. 둘 다 같은 뉴저지 엥글우드에 살고 있었는데 템플턴의 막내아들 크리스토퍼가 아이린의 아들 맬컴과 절친한 사이였다. 겨우 여섯 살밖에 되지 않은 크리스토퍼는 아이린에게 우리 집으로 차를 마시러 오지 않겠느냐고 초대한 뒤, 그녀에게 솔직하게 물었다.

"아줌마! 결혼하실 마음이 있으면 우리 아빠를 남편감 으로 한번 생각해주시겠어요?"**42**

2년 후 아이린은 크리스토퍼의 말대로 했다. 아이린은 전 남편과의 사이에서 낳은 웬디와 맬컴을 데리고 템플턴과 재혼했다. 새로 탄생한 일곱 명의 대가족은 서로 더 친해 지기 위해 8주간 유럽 여행을 떠났다. 이 여행에는 세 명의 사촌도 동행했다.

1959년 템플턴과 7인의 동업자는 이 투자 회사를 리처드 슨가에서 소유하고 있던 보험 회사 피드몬트컴퍼니Pedmont Company에 매각했다.**43** 하지만 템플턴은 TGF는 끝까지 지 켰고 이후로도 33년간 직접 운용했다.

회사를 매각한 후 템플턴은 영성 교육에 매진했다. "지금 까지 나는 투자자로서 사람들을 돕는 데 힘써왔다. 이제부 터는 사람들의 영적 성장에 도움을 주려고 한다. 이것이 훨 씬 더 중요하다고 생각한다."**44**

템플턴 부부는 아름다운 곳에서 사색을 하며 황혼을 보내고 싶어 했고, 그들은 바하마로 떠나기로 마음먹었다. 두 사람은 인구가 가장 많은 뉴프로비던스섬의 휴양지 라이포드케이에 남부 스타일의 빌라를 지었다. 라이포드케이는 마이애미에서 비행기로 겨우 1시간 떨어진 거리에 있었기에 템플턴은 언제든 고향으로 날아갈 수 있었다. 1968년 템플턴 가족은 영구적으로 바하마로 이주했고, 영국 국적을 취득했다.

템플턴 그로스 펀드의 간략한 역사

존 템플턴이라는 이름을 듣는 순간 그가 조성한 펀드 중 가장 유명한 펀드인 TGF를 떠올리는 사람이 많을 것이다. 여기에는 여러 가지 이유가 있다.

첫째, 존 템플턴이 적극적으로 운용한 펀드로 장기간에 걸쳐 놀라운 실적을 달성했다.

둘째, 처음 14년 동안 이 펀드의 실적은 평균치를 겨우 달성하는 정도였다. 그런데 1968년 존 템플턴이 바하마로 이주하면서 변화가 일어났다. 그는 월스트리트의 분주한 일상에서 벗어나 핵심 사업에 집중할 수 있었고, 그 덕분에 TGF 실적이 현저히 개선되었다.

셋째, TGF는 미국 이외 지역의 주식과 채권에 투자하는 최초의 투자 펀드 가운데 하나다. 템플턴은 이 펀드의 포트폴리오 범위를 넓혔고, 1970년대 후반부터는 한국과 일본 등 미국 이외 지역의 주식 비중을 늘렸다.

넷째, 1974년 이후 TGF는 템플턴이 마케팅 전문가인 존 갤브레이스John Galbraith를 영입함으로써 대중에게 널리 알려졌다.

TGF는 1954년 11월 29일 존 템플턴의 마흔두 살 생일에 처음 출시되었는데, 이는 우연이 아니었다. 이 펀드를 캐나다에서 출시한 것은 세금 혜택 때문이었다. "당시 캐나다에서 펀드를 조성하면 세제 혜택을 받을 수 있었기 때문에 캐나다에서 출시했다. 이는 당시로서는 파격적인 혜택이었다. 이 펀드에는 미국인과 캐나다인이 똑같이 투자할 수 있었다."[45]

출시 후 15년 동안 TGF의 실적은 나쁘지 않았다. 규모가 커졌고 수익도 탄탄했다. 하지만 MSCI 월드 같은 세계 주가지수가 당시에도 있었다면, 그다지 좋은 실적은 아니었음을 금방 알 수 있었을 것이다.[46]

템플턴은 1968년 뉴욕과 엥글우드에서의 사업을 정리하고 바하마로 영구 이주했다. 이주 후에도 TGF를 계속 관리했는데, 실적이 놀랍게 향상됐다. 템플턴은 카리브해의 섬에서 누리는 평안

함이 실적 향상의 이유라고 확신했다.

"TGF 실적이 향상된 이유로 여러 가지를 꼽을 수 있는데, 내가 바하마로 온 것이 가장 큰 이유라고 생각한다. 뉴욕에서는 수백 명의 고객을 관리하고 돌보느라, 정작 시장을 분석하고 종목을 조사할 시간적 여유가 없었다. 내가 가장 잘하는 분야가 바로 그것이었는데 말이다. 나는 너무 지쳐 있었다. 그러나 바하마에 온 뒤로는 낮은 가격으로 형성되어 있는 가치 있는 종목을 찾는 데 충분한 시간을 쓸 수 있었고, 이것이 바로 내가 투자가로서 성공할 수 있었던 결정적 이유다."[47]

템플턴은 더 싼 가격으로 매수할 수 있는 투자 대상을 찾는 것으로 자신의 전략을 수정했다. 또한 미국과 캐나다 시장에서만 투자 대상을 찾지 않고 검색 반경을 넓혔다. 템플턴에게 세계는 넓었고 투자 대상은 무궁무진했다.

1967년 주주 서한에서 그는 펀드 자산의 13퍼센트를 일본의 화장품 회사 시세이도Shiseido에 투자했다고 밝혔다. 특히 이 시기의 TGF는 필립스와 로열더치석유Royal Dutch Petroleum 주식을 비롯해 독일과 일본의 비상장 주식에도 투자했다. 1974년 TGF에서 일본 주식이 차지하는 비중은 무려 62퍼센트였다. 그중 일본의 대형 은행인 스미토모트러스트Sumitomo Trust와 타이어 제조 업체인 브릿지스톤Bridgestone의 비중이 높았다. 더불어 TGF는 닛산Nissan의 채권에도 투자했다.[48]

1970년대에는 국제 시장으로 방향을 돌린 포트폴리오 전략 외에도 TGF의 전문적인 마케팅을 강화했다.

"나는 펀드 판매자를 따로 두지 않았는데, 이것은 큰 실수였다."[49]

1954년 TGF는 700만 캐나다달러의 투자 자산으로 시작하여, 20년 후 자산 가치가 1300만 캐나다달러 규모로 성장했다. 템플턴은 마케팅 문제를 해결하기 위해 전직 파일럿이자 회계사였던 존 갤브레이스를 손수 찾았다. 갤브레이스는 TGF의 운용 실적이 가장 좋을 때 판매 대리인의 실적 수당을 공개했고 다양한 전략으로 펀드를 홍보했다.

여기에는 루이스 루카이저Louis Rukeyser가 진행하는 인기 TV 쇼인 「월스트리트위크Wall Street Week」에 템플턴이 출연하는 것도 포함되어 있었다. 그 결과 TGF는 전보다 훨씬 유명해졌고 운용 실적도 향상됐다. 4년 만에 TGF의 자산 규모가 1억 캐나다달러로 증가했고, 1980년에는 4억 캐나다달러 벽을 넘어섰다. 1985년 TGF는 4대륙 21개 산업 분야의 115개 주식에 투자했다. 이는 어마어마하게 놀라운 성장 속도였다. 수많은 투자자가 템플턴과 그의 펀드에 주목했다.

1986년 TGF 자산이 24억 캐나다달러로 증가했을 때 갤브레이스는 펀드 분할을 제안했다. 이에 따라 TGF 캐나다가 펀드 자산의 42퍼센트를 보유하고, 나머지는 새로 조성된 미국 TGF로 이전됐다.

1992년 '템플턴, 갤브레이스앤드한스베르거유한회사Templeton, Galbraith and Hansberger Ltd.'는 TGF와 그 외 펀드를 4억 4400만 미국달러를 받고 캘리포니아의 투자 회사 프랭클린리소시스Franklin Resources에 팔았다.[50]

템플턴은 TGF 펀드를 운용한 지 38년 만에 약 16퍼센트의 연평균 수익률을 달성했다. TGF는 세계 주가지수에서 장기 운용 펀드로는 유일하게 매년 3.7퍼센트포인트를 기록했다.[51]

이것을 좀 더 구체적인 수치로 설명하면 다음과 같다.

"1954년 템플턴 성장형 펀드가 처음 출시됐을 때 당신이 1만 달러를 투자했다면, 프랭클린리소시스에 펀드를 넘긴 1992년에는 투자 이익이 200만 달러 이상이 되어 있었을 것이다."[52]

주식을 매도할 가장 적절한 때는

스스로 가장 성공적이라고 확신할 때다.

글로벌 가치투자의
태두

분주했던 월스트리트에서의 삶에서 벗어난 템플턴은 TGF
운용 외에도 바하마 거주자들의 영적·신앙적 성장에 집중
했다. 영성 훈련을 위한 프로그램을 시작했고, 바하마와 프
린스턴 신학교에 장학금을 지원했다. 그리고 몇 년 후에는
바하마에 최초의 신학교를 설립했다.

실제로 템플턴은 평생 독실한 신앙을 지켰다. 장로교 교
인이었던 그는 다양한 명예직을 갖고 있었다. 1972년

그는 종교 발전을 위해 템플턴상을 제정하여 종교와 학문 분야에서 공헌한 사람들에게 수여했다. 템플턴상 수상자로는 테레사 수녀Mother Theresia(1973년), 프레르 로제Frère Roger(1974년), 알렉산드르 솔제니친Aleksandr Solzhenitsyn(1983년), 데즈먼드 투투Desmond Tutu(2013년) 등이 있다(한국에서는 영락교회의 설립자 한경직 목사가 1992년에 이 상을 수상했다-옮긴이).

1985년에 템플턴은 경영학 교육을 장려하고자 모교인 옥스퍼드에 500만 달러의 장학금을 기부하기도 했다. 이 기부금은 옥스퍼드경영학연구소Oxford Centre for Management Studies에 사용됐고, 이후 연구소 명칭이 '템플턴칼리지'로 변경되었다. 1987년에는 신학 연구를 위한 장학금과 템플턴상을 수여하기 위해 템플턴 재단을 설립했다. 같은 해에는 영국의 엘리자베스 2세 여왕Elizabeth II에게 재단 후원에 대한 공로를 인정받아 기사 작위를 받았다.

바하마에서 그는 주 60시간의 근무 시간 중 절반을 TGF를 관리하는 데 사용했다. "나는 틀에 박힌 업무와 전화에서 벗어나기 위해 모든 기회를 활용했다. 문서로 가득 찬 서류 가방을 들고 밖에 나가 해변의 나무 그늘에 앉아 일했다. 이곳에서 주식을 분석하거나 종교 서적을 읽고 공부하는 데 집중했다. 나는 이곳이 일하기에 좋은 장소라고 생각했다. 사무실이나 집보다 이곳에서 나는 훨씬 더 높은 투자 수익률을 일궜다."[53]

1960년대에 존 템플턴은 북아메리카 이외 지역의 기업에 집중적으로 투자했다. 그가 생각하는 해외 투자의 전제 조건은 민주적이고 투자를 지원하는 정부였다. 미국 이외의 국가, 이른바 캐나다에 투자하려면 템플턴의 관점에서 다음과 같은 질문을 던져봐야 한다. "무엇보다 사람들의 가치관을 이해해야 한다. 투자 대상 국가가 사회주의 정부인가? 국민들이 절약하는 편인가, 아니면 낭비하는 편인가? 향후 전망이 낙관적인가, 비관적인가? 그 이유는 무엇인가? 국민들이 열심히 일하려는 의지를 갖고 있는가? 국민들이 힘겨운 사회적 문제를 안고 있는가?"[54]

템플턴은 해외 투자를 통해 자신의 투자 범위를 넓혔다. 존

경하는 스승 벤저민 그레이엄Benjamin Graham이[55] 선호했던 헐값 매수의 기회를 미국 시장에서는 찾기 어려웠기 때문이다. "조사를 해보면 전 세계의 투자 상품으로 구성된 포트폴리오는 한 국가에만 투자하도록 단순하게 구성된 포트폴리오에 비해 주가 변동성이 작고, 장기적으로 높은 수익을 올릴 가능성이 크다는 사실을 알 수 있다."[56]

존 템플턴은 1970년대 초반 일본 주식에 대규모 자금을 투자했다. 1990년대 말에는 한국에도 투자했다. 한국의 외국인 투자 제한 조치가 철폐되었고, IMF(국제통화기금) 금융위기를 맞은 터라 저가로 매수하기 좋은 상태였기 때문이다. 당시의 상황을 그는 생생한 육성으로 이렇게 전하고 있다. "나는 한국 시장이 침체 국면에 돌입했다고 생각한다. 투자자로서 경험에 따라 나는 가장 비관적인 상황에서 주식을 매수해왔다. 지난 몇 달 동안 한국 시장에는 비관적인 분위기가 팽배했다."[57]

TGF가 이름을 날리게 된 결정적 계기는 마케팅 전문가 존 갤브레이스를 영입한 일이었다. 갤브레이스는 원래

1959년 '템플턴, 도브로앤드밴스주식회사'를 인수한 리처드슨의 회계사였다. 1974년 갤브레이스는 바하마로 날아가 템플턴을 만나서는 TGF를 시장에 내놓고 싶으며, 성공할 경우 인수하고 싶다는 의향을 밝혔다. 이 말을 듣고 템플턴은 다짜고짜 갤브레이스에게 수영복을 가져왔느냐고 물었다.

한참 동안 대서양에서 수영을 즐긴 후 템플턴은 갤브레이스에게 생각할 시간을 가져보자고 제안했다. 그러면서 이렇게 말했다. "내 회사를 사고 싶어 하는 사람이 많지만 나는 팔고 싶은 마음이 없습니다. 그들은 왜 자신이 제안한 것은 전부 이행하지 않으면서, 지분의 20퍼센트만으로 내 회사를 차지하려는 것일까요?"[58]

집으로 돌아온 갤브레이스는 실망스러운 목소리로 아내에게 이렇게 말했다고 한다. "나는 빵 한 덩어리를 사고 싶었지만 절반밖에 못 샀어." 그러고는 이렇게 덧붙였다. "내가 가지고 있던 반쪽짜리 빵이 알고 보니 여러 개의 빵이었어."[59]

갤브레이스의 제안대로 템플턴은 1978년 '템플턴 월드 펀드Templeton World Fund'라는 또 하나의 펀드를 출시했다. 그리고 이후 몇 년 동안 다른 펀드들도 출시했다. 1980년 갤브레이스는 루카이저가 진행하는 인기 TV 쇼 「월스트리트위크」에 존 템플턴을 출연시켰다. 이후 몇 년에 걸쳐 템플턴은 이 프로그램에 총 14회 출연했다. 그야말로 교묘한 마케팅이었다. TV 출연을 계기로 템플턴은 폭넓은 층의 대중에게 능력 있는 증권 전문가로 알려졌다. 템플턴의 TV 출연은 펀드 판매에 큰 도움을 주었고, 이후 펀드에 대한 수요가 꾸준히 이어졌다.

새로운 펀드를 조성하면서 템플턴의 업무 부담도 커졌다. 그는 플로리다의 해안 도시 포트로더데일에 사는 투자 컨설턴트 톰 한스베르거Tom Hansberger에게 도움을 청했다. 1985년에는 바하마 출신의 투자 컨설턴트 마크 홀로웨스코Mark Holowesko를 추가로 영입했다. 1987년부터 템플턴은 TGF의 운용을 홀로웨스코에게 점차 넘기면서 일선에서 물러났다.[60]

1986년 템플턴의 회사는 존 갤브레이스의 회사와 합병되어 '템플턴, 갤브레이스앤드한스베르거 유한회사'가 탄생했다.

현대 증권분석의 창시자, 벤저민 그레이엄

100년 전만 하더라도 주식 시장은 도박판이나 다름없었다. 기업과 시장이 어떻게 발전하는지에 관해서는 엉성한 추측만이 난무했다. 이런 추측을 두고 주식 시장에서는 내기가 벌어졌다(유감스럽게도 이런 거래 방식은 오늘날까지도 완전히 뿌리 뽑히지 않았다). 그런 시기에 벤저민 그레이엄이라는 주식 시장에 발을 들였다.

그는 객관적 사실이 뒷받침되지 않은 투자는 절대 하지 않았다. 또한 주식 투자에 성공하는 법을 체계화하고자 노력을 기울였다. 상장기업이 어느 정도의 자산 가치를 가지고 있는지 조사했고, 매출과 수익 변화를 관찰했으며, 이런 객관적 자료를 바탕으로 사업이 어느 정도 성공할 수 있는지 진단했다. 이런 각종 수치를 바탕으로 그레이엄은 주가를 계산했다. 그리고 현재 주가가 자신이 산출한 타당성 있는 수치를 훨씬 밑돌 때 그 주식을 매수했다.

현재 주가가 목표 주가를 훨씬 밑돌 때에만 주식을 매수한 이유는 무엇일까? 첫째로는 이런 투자가 돈이 된다고 믿었기 때문이다. 주가는 자신이 계산한 목표 주가에 수렴하게 되어 있기 때문에 현재 주가와 목표 주가 사이의 괴리가 클수록 높은 수익을 기대할 수 있다는 것이다. 다른 하나로는, 그레이엄이 신중한 투자자이기 때문이다. 그는 항상 타당성 있는 수치에 대해 일종의 '헤어컷haircut(증권 회사가 소유한 증권에 대해 평가절하를 하는 것-옮긴이)' 방식을 원했다. 예상치 못한 위기가 찾아왔을 때 (너무) 높이 평가된 주식보다는 헤어컷을 통해 평가 절하된 주식이 더 많은 보호를 받을 수 있기 때문이다.

벤저민 그레이엄은 증권거래에 혁명을 일으키고, 증권분석에 관한 혁신적인 저서를 집필했으며, 당대 가장 유명하고 부자로 손꼽히는 투자자들의 은사였다. 그는 1894년 5월 9일 런던에서 도라 그로스바움Dora Grossbaum과 아이작 그로스바움Isaac Grossbaum 부부의 셋째 아들로 태어났다. 그리고 한 살 때 미국 뉴욕시로 이주했다. 출생 당시 그의 성은 '그로스바움'이었지만, 제1차 세계

대전 당시 미국 내 반유대 정서 때문에 성을 '그레이엄'으로 바꾸었으며, 전쟁이 끝난 후 미국 국적을 취득했다. 대학을 졸업한 후에는 주식 중개 회사인 '뉴버거, 헨더슨앤드러브Newburger, Henderson and Loeb(NHL)'에 취직했다. 증시 업무에 관한 전문 교육을 받지 못했기 때문에 처음에는 각 부서의 보조 업무를 하며 회사 업무를 익혀나갔다. 그러면서 주식 업계에서 이력을 쌓기 시작했다. "나는 주식 중개 회사의 사환으로 사회생활을 시작하여 주요 투자 펀드 회사의 사장이자 두 대기업의 회장으로 은퇴했다."

그레이엄은 자신의 일을 사랑했고 자신이 가진 지식을 젊은이들에게 전수하는 것을 좋아했다. 1927년 가을부터 콜롬비아대학교에서 강의했다. 강의 주제는 증권분석이었고, 강의에 대한 반응은 매우 좋았다. 실용주의자 그레이엄이 강의에서 저평가된 주식에 대한 실제 사례를 다뤘다는 소문이 퍼지자 다음 해에는 수강생이 크게 늘어났다.

그레이엄은 당시 일을 이렇게 회상했다. "저평가된 주식에 대한 몇 가지 실제 사례를 다루면서 내 강의는 유명해졌다. 이미 검증되었듯이 저평가된 주식은 모두가 돈을 벌 수 있는 원천이다."

하지만 1930년대 초반에 몰아닥친 세계 경제 위기로 인해 그
레이엄은 심각한 타격을 입었다. 1932년 말 추가 수입이 필요해
진 그는 자신의 조교였던 데이비드 도드David Dodd와 함께 가치투
자에 관한 교재를 집필하기 위해 출판사와 계약했다. 그렇게 탄
생한 책『증권분석Security Analysis』은 주식 투자계의 바이블이 되어
전 세계적으로 사랑받았다.

젊은이들은『증권분석』에 완전히 매료되었다. 현대 경제사에
서 가장 성공한 투자자로 손꼽히는 워런 버핏은 그레이엄을 직
접 찾아가 제자가 되었고, 나중에는 그레이엄이 창업한 투자 회
사에서 직원으로 일하기도 했다. 버핏은 그레이엄의 회사에서 몇
년간 일한 뒤 독립하여 지금까지 건재한 지주회사 버크셔해서웨
이Berkshire Hathaway를 창업했다. 그리고 수많은 투자자의 스승 벤저
민 그레이엄은 1976년 프랑스에서 여든두 살의 나이로 세상을
떠났다.

'이번만은 다르다'라는 말이야말로

지금까지 투자자들을 가장 손해 보게 만든 말이다.

월가의 스승,
영원히 잠들다

―――――― 1992~2008 ――――――

1992년 존 템플턴은 50년 경력의 주식 비즈니스와 펀드 매니지먼트를 접고 일선에서 물러났다. 하지만 개인적으로는 주식 투자를 계속하면서 자신이 설립한 자선기관에 열정을 쏟아부었다. 1993년에는 템플턴의 아내 아이린이 세상을 떠났다. 2008년 7월 8일 존 템플턴도 아흔다섯 살의 고령으로 바하마의 나소에서 세상을 떠났다. 사망 당시 존 템플턴의 개인 자산은 10억 달러 이상으로 늘어나 있었다.[61]

전설적인 투자자 워런 버핏[62]과 존 템플턴 사이에는 눈에 띄는 공통점이 많다. 둘 다 그레이엄의 제자였고,[63] 주가가 내재가치intrinsic value(본질적 가치 또는 공정 가치라고도 부른다) 미만으로 하락하는 기업들의 주식을 매수했다는 점이 대표적이다. "벤저민 그레이엄을 스승으로 모시면서 배운 사실이 있다. 장부가치에 유의하고 순자산보다 낮은 가격으로 팔리는 기업의 주식을 찾으라는 것이다."[64]

미국에서 이런 저가 주식은 찾기 어렵기 때문에 템플턴은 점점 해외 시장으로 눈을 돌렸다. 반면 버핏은 독보적인 특성, 이를테면 브랜드, 시장 장악력, 규모 등 경쟁 업체로부터 보호받을 수 있는 '해자'를 갖춘 기업들에 주목했다.

월스트리트의 분주함과는 거리가 먼 장소에서 훌륭한 사업 실적을 냈다는 점도 공통적이다. 전설적인 투자자인 두 사람은 투기꾼도, 거래자도 아니었다. 오랫동안 주가를 관찰하면서 철저히 조사하는 것을 중시했고 거의 '일 중독'에 가까웠다. 네브래스카의 오마하에서는 버핏이 설립한 지주 회사 버크셔해서웨이의 주주총회가 해마다 개최되어 수많은 사람이 몰려든다. 템플턴이 설립한 기업의 주주들을 위한 모임도 있다. 대개 토론토에서 개최되는데, 이 행사의 방문객 수도 매년 증가하고 있다. 1997년 이 모임은 여러 지역에 영상으로 중계되었고 무려 7000명의 주주가 참석했다.[65]

두 사람은 고령에도 불구하고 직접 사업을 이끌었다. 템플턴과 버핏은 서로 닮은 듯 달랐고, 당대 가장 많은 투자자에게 영감과 자극을 준 월가의 위대한 스승으로 추앙받고 있다.[66]

2부
존 템플턴의 투자 철학

모든 것은
끊임없이 변합니다

"존 템플턴은

월스트리트의 진정한 영웅 가운데 한 사람이었다."[67]

– 루이스 루카이저

단 한 번도
실패하지 않은 투자

——— 템플턴 그로스 펀드 ———

존 템플턴의 성공기는 그의 가장 위대한 유산인 TGF와 관련이 있다. 그 어떤 투자자도 38년이라는 장기간에 걸쳐 한 펀드를 이토록 성공적으로 운용한 적이 없었다. TGF의 연평균 수익률은 (템플턴이 TGF를 직접 운용하던 시기에) 15.36퍼센트로 알려져 있고, 이 추세는 오랫동안 지속될 것이다. 만약 1954년에 당신에게 1만 달러의 목돈이 있었다고 가정해보자. 그 투자금을 미국 주식 시장 전체와 TGF에 투자할 수 있었다면 당신은 어떤 선택을 내렸을까? 92쪽의

1만 달러를 TGF와 미국 주식 시장에 투자했을 때[68]

(단위: 달러)

연도	TGF 연평균 수익률(%)	TGF	미국 주식 시장
1954	–	9,296	9,700
1955	7.04	9,950	12,765
1956	4.64	10,412	13,607
1957	-16.91	8,651	12,138
1958	48.80	12,873	17,405
1959	14.00	14,675	19,494
1960	13.84	16,706	19,592
1961	18.29	19,762	24,862
1962	-13.52	17,091	22,699
1963	5.14	17,969	27,874
1964	28.58	23,105	32,474
1965	22.15	28,222	36,533
1966	-5.30	26,726	32,843
1967	13.74	30,398	40,726
1968	37.76	41,875	45,246
1969	19.67	50,111	41,400
1970	-6.44	46,884	43,056

연도	TGF 연평균 수익률(%)	TGF	미국 주식 시장
1971	21.93	57,164	49,213
1972	68.56	96,354	58,564
1973	-9.92	86,793	49,955
1974	-12.07	76,318	36,717
1975	37.59	105,004	50,367
1976	46.74	154,083	62,365
1977	20.38	185,478	57,875
1978	19.21	221,105	61,695
1979	26.84	280,448	73,047
1980	25.89	353,049	96,714
1981	-0.24	352,201	91,975
1982	10.81	390,265	111,658
1983	32.91	518,687	136,781
1984	2.17	529,935	145,398
1985	27.78	677,177	192,216
1986	21.24	820,982	227,776
1987	28.28	1,053,180	299,730

표를 보면 정답이 무엇인지 알 수 있을 것이다.

이 표는 1987년 7월 31일까지의 실적을 근거로 작성했다. 존 템플턴은 TGF 외에도 '템플턴 월드 펀드'(1978년)와 '템플턴 글로벌 펀드'(1981년) 등 다양한 펀드를 출시했다. 이런 펀드들은 TGF보다 단기적으로는 더 좋은 실적을 냈다.[69]

템플턴과 경제 방송을 진행했던 루이스 루카이저는 이런 평가를 남겼다. "존 템플턴에게 세상은 부를 쌓는 곳만이 아니었다. 세상은 그의 선교지였다. 순수하게 금융의 관점에서 그는 57년 전부터 미국인들을 비롯한 전 세계인들에게 투자의 정도를 가르쳐온 사람이었다. 또한 그는 영성 분야에서도 25년 전부터 종파를 초월하여 박애주의 차원에서 세계 최대 규모의 상금을 수여하는 '템플턴상 Templeton Prize for Progress in Releigion'을 제정했다."[70]

존 템플턴은 1937년부터 1992년까지 투자 컨설턴트이자 펀드매니저로 활동했다. 결론적으로 그는 55년을 이 분야에서 일한 셈이다. 전설적인 투자자로 불리는 인물들 중에서도 그는 놀라울 정도로 오랫동안 현장에서 일했다. 스트레스가 많은 이 업계에서 찰리 멍거와 워런 버핏 정도만 그보다 더 오래 버텼을 뿐이다. 전설적 투자자라는 타이틀은 단순히 업계에 소속되어 있느냐 아니냐를 떠나 성공을 통해 얻는 것이다. "존 템플턴의 끈기는 탁월하다는 말로밖에 표현할 길이 없다."[71]

템플턴은 몇 가지 기록을 세웠다. 그는 개인을 위한 주식 투자는 물론이고 비즈니스를 위한 주식 투자에서도 억만장자가 되었다. 이렇게 양쪽 분야에서 모두 성공을 거둔 투자자는 극소수에 불과하다. 이보다 더 중요한 것은 그가 TGF로 38년 넘게 평균 16퍼센트의 수익률을 달성했다는 사실이다. 단기간에 훨씬 더 좋은 수익률을 기록한 펀드매니저들도 있다. 예를 들어 피터 린치는 평균 29.2퍼센트의 수익률을 기록했다. 하지만 이 수익률은 '겨우' 13년 정도 유지되었을 뿐이다.[72] 반면 템플턴은 장기간 일정한 수익률을 유지한 '기록 보유자'라고 할 수 있다.

1954년 TGF를 출시했을 당시에도 그는 선구자였다. 투자 펀드가 아직 널리 알려져 있지 않았던 시절이었기 때문이다. 이런 이유로 존 템플턴은 '투자 펀드의 아버지'라고 볼 수 있다.

템플턴은 '글로벌 투자자'라는 타이틀을 받을 자격이 충분하다. 국경을 넘어 투자한 초창기 펀드매니저 가운데 한 사람이기 때문이다. 1960년대에 이미 그는 유럽의 주식과 채권에 투자했다. 1950년대 말에는 아시아·태평양 지역으로 투자 지역을 확대했다. 그리고 1969년부터는 일본 주식을 대량으로 매수했다.[73]

한국이 IMF의 압력으로 국제 투자자들에게 금융시장을 개방했을 때 존 템플턴은 한국에서 헐값 주식 사냥을 개시했다. 1990년대 말 한국은 심각한 경제 위기에 빠졌고, 1997년에는 IMF 구제 금융 지원을 받아야 했다. 당시 한국 경제는 바닥을 치고 있었다. 하지만 일본과 마찬가지로 한국은 저축률이 높았고 국민들이 성실했다. 이것이 바로 존 템플턴이 펀드매니저로 활동할 당시 개인 자산을 한국에 투자하기로 결심하게 된 요인이었다.

1998년 당시 템플턴은 한국 주식에 직접 투자하지 않고 한국 주식에 특화된 '매슈스코리아펀드Matthews Korea Fund'의 지분을 취득했다. 2004년 말에는 한국 기업에 직접 투자했고, 기아자동차의 주식을 5000만 달러어치나 매수했다. 이를 계기로 기아자동차의 주가는 175퍼센트나 상승했다.[74]

언젠가 존 템플턴은 주식을 선택할 때 체크리스트나 모범 사례를 활용하는지 질문을 받은 적이 있다. 그는 이렇게 답했다. "아니요. 정형화된 체크리스트는 없습니다. (…) 우리는 업무 지침을 끊임없이 수정합니다."[75] 정형화된 체크리스트가 없을지라도 존 템플턴과 그의 팀은 아주 체계적으로 주식과 투자 대상을 선택했다.

그리고 이제부터는 템플턴이 투자 전략에서 가장 중요하게 여긴 원칙 16가지를 살펴볼 것이다. 1993년 템플턴은 월간《월드모니터World Monitor》에 16가지 투자 원칙 또는 법칙이라는 기사를 발표한 적이 있다.[76] 여기에는 다소 보편적인 원칙들도 포함되어 있지만, 성공적인 투자를 하는 데 여전히 유용한 지침으로 여겨지고 있다.

실질 총수익을
최대로 끌어올려라

"세금이나 인플레이션의 악영향을 계산하지 못한 투자
전략으로는 투자 분야의 진정한 특성을 알 수 없으므로
투자에 제한이 생길 수밖에 없다."[77]

장기 투자 전략은 인플레이션의 영향을 최소화한 순수익을
얻는 것이다. 그래서 템플턴은 주식이나 채권 또는 부동산
등 투자 대상을 선택하기 전에, 부가적으로 발생하는 금융
거래 수수료(중개 수수료, 펀드 수수료, 예금 수수료 등)나 발생한

수익에 대한 세금과 인플레이션도 확인하라고 조언했다.

투자 결정은 반드시 순수익을 기준으로 이뤄져야 한다. 자금을 투자하기 전에 먼저 수수료, 환율 위기, 세금 등 어떤 비용이 추가로 발생할 수 있는지 확인하라. 그리고 이런 점들을 고려하여 투자를 결정하라.

투기적 거래가 아닌
투자를 하라

"주식 시장은 카지노가 아니다. 주가가 1~2포인트 변동할 때마다 주식을 팔아치우거나 사들인다면, 혹은 공매도short(특정 종목의 주가가 하락할 것으로 예상될 때 해당 주식을 빌려서 매도하는 것-옮긴이)를 하거나 옵션 또는 선물 거래를 한다면 당신에게 주식 시장은 카지노인 것이다. 대부분의 도박꾼은 자신이 언제, 얼마나 잃게 될지를 모르고 있다."[78]

템플턴의 관점에서 성급한 주식 매수 및 매도, 공매도, 선물 및 옵션 거래는 도박이나 다름없었다. 이런 거래에서는 높은 수수료, 양도소득세가 뒤따르고, 주식 투기자와 주식 거래인 간의 고도의 신경전이 발생한다. 주식을 장기간 보유해온 투자자들은 더 많은 정보를 가지고 있고, 덜 감정적이며, 인내심이 많기 때문에 결국 투자에 성공할 가능성도 크다.

템플턴은 평생 주식을 장기간 보유해야 한다고 주장했다. 이는 전설로 불리는 대부분의 투자자도 마찬가지였다. 템플턴의 주식 보유 기간은 평균 4년에서 5년이었다.[79] 그만큼 단기 투기성 거래는 좋아하지 않았다. 주식 시장의 유행에 따라 성급하게 고르지 말고, 주식을 세심하게 조사하는 데 더 많은 시간을 가지는 편이 낫다.

유연한 자세로
투자에 임하라

---------- **원칙 3** ----------

"사실상 언제나 최고인 투자 형태는 존재하지 않는다."**80**

당신이 투자자라면 모든 투자 형태를 염두에 두어야 한다. 이를 템플턴은 다음과 같이 표현했다. "블루칩 주식, 경기 순환주, 회사채(기업이 시설 투자나 운영 등의 장기 자금을 조달하기 위해 발행하는 채권-옮긴이), 국채 등을 매수해야 할 시기가 있다. 한편 현금을 보유하고 있어야 하는 시기도 있다. 현금이 있어야 주어진 투자 기회를 붙잡을 수 있기 때문이다."**81**

안목을 갖추고 융통성 있는 태도를 가져라. 주식은 분명 장기적인 관점에서 가장 수익성이 높은 투자 수단이다. 템플턴은 이렇게 말했다. "우리가 분석한 결과, 주식은 투자자들이 헐값으로 매수해 장기 보유한다면 수익을 얻기에 가장 좋은 수단이다."[82]

하지만 다른 투자 대상들이 항상 주식보다 못하다는 뜻은 아니다. 부동산, 회사채, 국채, 선물 등 대안이 될 만한 투자 형태의 동향을 살펴보면서 필요한 경우 그 분야에 투자해보는 것도 좋다.

무리 본능을
쫓지 마라

"증권분석의 창시자인 벤저민 그레이엄의 조언을 귀담
아들어라. 그는 '전문가를 포함하여 대부분 사람이 비관
적이라고 할 때 주식을 매수하고, 모두가 낙관론을 펼칠
때 매도하라'라고 말했다."[83]

무리 본능을 쫓지 마라. 모든 사람이 사는 주식은 피하라.
템플턴은 투자자들에게 흐름을 거슬러 헤엄치라고 했다.
"투자에 성공하기 위해 '정반대의' 길을 가려면 인내심과

원칙, 용기가 필요하다. 다른 사람들이 필사적으로 팔 때 사고, 다른 사람들이 열을 내면서 살 때 팔아야 한다. 지난 50년 동안 경험을 바탕으로 투자한 결과 나는 이 여행의 끝에서 그만큼의 보상을 얻었다."[84]

템플턴의 방식을 모범으로 삼아 투자하고 싶다면 주가가 계속 떨어지는 시기일 때, 즉 약세장일 때 주식을 매수해야 한다. 반면 주가가 계속 상승하는 시기인 강세장일 때는 주식을 팔면 정말로 더 많은 현금 수익을 얻을 수 있을지 고민해봐야 한다. 현금 수익만이 진짜 수익이기 때문이다!

별 3개짜리
주식을 찾아라

───────────── 원칙 5 ─────────────

"주식의 품질을 결정하는 것은 레스토랑을 평가하는 것과 똑같다. 100퍼센트 완벽하길 기대하지 마라. 별 3개 또는 4개를 받기 전까지 당신은 주식이 평균치 이상이길 바랄 것이다."[85]

주로 미국 주식으로 구성되어 있지만 개발도상국 등 다양한 나라에 걸쳐 있다. 분석해보니 괜찮고 흥미가 가는 주식이 있다면, 그중에서 특별한 품질을 갖춘 주식을 찾아라.

판단 기준은 다음과 같다.

- 성장 시장에서의 높은 시장 장악력
- 혁신 시장에서의 높은 기술 우위
- 경험 많은 경영진과 성공적인 사업 실적
- 신시장에서의 우수한 재정 상태
- 확고하게 뿌리내린 브랜드
- 낮은 생산 비용

전망이 아닌
개별적 수치를 보고 매수하라

"너무나 많은 투자자가 시장 동향이나 경기 전망에만 집
착한다. 하지만 베어 마켓에서도 주가가 상승할 수 있고
불 마켓에서도 주가가 하락할 수 있다."[86]

주식을 매수할 때 시장 동향이나 경기 진단에 휩쓸리지 마
라. 템플턴의 주식 투자 전략에 따르면, 예컨대 블록체인
기술이 미래 시장에서 주목받고 있다는 이유만으로 블록
체인 기업의 주식을 매수해서는 안 된다.

템플턴은 이보다는 상향식 접근 방식을 좋아했다. 그는 자신이 직접 기업과 주식을 분석했고 전반적인 시장 동향이나 진단에 영향을 받지 않았다. "우리는 어떤 나라, 어떤 분야, 혹은 어떤 통화에 기반을 둔 주식이 가장 높은 수익을 올릴지 묻지 않는다. 어떻게 해야 수천, 수만 개의 기업 중에서 우리가 가치가 있다고 평가한 주식의 일부를 매수할 수 있는지만 생각한다. 투자자가 특정 나라나 한 산업 분야를 살 수는 없지만, 자신이 선택한 주식을 살 수는 있다."[87]

시장 동향이나 경기 진단에 따라 주식을 선택하지 말고, 수치를 직접 분석하라. 당신이 관심을 두고 있는 기업의 금융지표가 긍정적인지 항상 체크하라. 금융 지표가 긍정적이라면, 그 기업이 성장이 무르익은 시장에 속해 있다고 해도 문제 될 것이 없다.

말 한 마리에
전부 걸지 마라

"분산화를 할 필요가 없는 투자자는 투자 성공 확률을
100퍼센트 맞힐 수 있는 사람이다."[88]

템플턴은 투자할 때 한 카드에 모든 것을 걸지 않았다. 그
는 분산화 전략을 매우 중시했다. TGF의 포트폴리오에는
단계적으로 200개 이상의 기업이 포함되어 있었다. 112쪽
의 표를 통해 알 수 있듯이, TGF 포트폴리오는 주로 미국
주식으로 구성되어 있지만 개발도상국 등 다양한 나라에

걸쳐 있다.

존 템플턴에게 분산화는 다양한 투자 형태와 업계에 대한 투자만을 의미하지 않았다. 그는 1960년대 이후 해외 주식을 매수하면서 리스크를 분산했다. "건전한 이성을 가진 사람이라면 수익성 있는 저가 주식 매수 전략을 캐나다 등의 하나의 국가에만 국한시키지 않는다. (…) 이것이 우리가 지난 40년 동안 해온 일이다. 우리는 전 세계 곳곳에서 투자 대상을 찾고 있다."[89]

"말 한 마리에 전부를 걸지 마라." 존 템플턴은 포트폴리오 이론을 신뢰했다. 이 이론은 투자자들이 자신의 포트폴리오에 다양한 분야의 주식을 다량으로 보유함으로써 손실 리스크를 줄일 수 있다고 주장한다. 템플턴은 포트폴리오 이론을 국내 시장에만 적용하지 않고 해외 시장에까지 확대 적용한 초창기 펀드매니저 가운데 한 사람이다. 만약 당신이 템플턴을 모범으로 삼고 싶다면 다양한 분야의 다양한 주식에 투자해야 한다. 또한 국내만이 아니라 해외 주식도 포트폴리오에 편입하는 것이 좋다.

TGF와 세계 주가 지수의 지역별 투자 비중[90]

(단위: %)

TGF									
연도 지역	1955	1959	1964	1969	1974	1979	1984	1989	1994
북아메리카	66	69	51	16	26	76	65	55	36
남아메리카	0	0	0	0	0	0	0	0	3
유럽	12	29	43	26	5	4	12	24	28
아시아· 태평양	0	2	3	4	0	3	4	15	12
일본	0	0	0	18	44	5	4	0	1

세계 주가 지수									
연도 지역	1955	1959	1964	1969	1974	1979	1984	1989	1994
북아메리카	76	78	77	77	61	54	57	35	39
남아메리카	0	0	0	0	0	0	0	0	0
유럽	21	18	19	18	24	26	18	24	27
아시아· 태평양	1	1	2	2	2	4	3	3	6
일본	1	2	2	3	12	15	21	40	28

혼자
애쓰지 마라

"투자의 성공 여부는 직관이나 창의력과 관련이 없다. 고된 노동, 인간의 건전한 이성, 열린 마음이 조화를 이뤄야 투자에 성공할 수 있다."[91]

"투자에 성공하려면 조사도 많이 필요하고 일도 많이 해야 한다. 투자에 성공하는 것은 대부분 사람이 생각하는 것보다 어렵다."[92]

투자에 성공하고 싶다면 많은 시간을 투자할 준비가 되어 있어야 한다. 템플턴은 투자 컨설턴트이자 펀드매니저로 활동할 때 하루 12시간 동안 주 6일을 일했다.[93]

적은 자금만 투자할 계획이라고 해도 당신 역시 충분한 시간을 투자해야 한다. 투자 계획을 세우는 데 많은 시간을 쏠 수 없거나 그럴 마음이 없다면 경험이 많은 전문가에게 도움을 청하라.

전망이 좋은 주식을 조사할 시간이 충분치 않다면 '현명한 전문가의 도움을 받으라'고 템플턴은 충고했다. 믿을 수 있는 금융 전문가에게 조언을 구하라. 아니면 실적이 좋은 투자 펀드를 인터넷에서 찾아보라. 이런 펀드는 경험 많은 펀드매니저가 관리하고, 일반적으로 탄탄한 실적을 낸다. 양질의 주식 정보 서비스와 주식 관련 서적도 당신의 수고를 덜어줄 것이다.

그냥 놔둬도
되는 주식은 없다

"변화를 예측하고 바로 대응하라."[94]

투자를 결정했다면 계속 관찰해야 한다. "매수한 후 그냥
잊고 있어도 되는 주식은 없다. 변화의 속도가 너무 빠르기
때문이다."[95] 템플턴은 자신의 포트폴리오를 정기적으로
분석했고, 동료들에게도 검토를 부탁했다. 이 과정에서 그
는 다음과 같은 원칙을 발전시켰다. "대체할 주식이 있을
때만 주식을 팔아라. 대체 대상은 기본 분석 수치를 기준으

로 최소 50퍼센트 저평가된 주식이다."**96**

지금부터 자신만의 방식으로 정기 점검 일정을 잡자. 예를 들어 6개월에 한 번씩 포트폴리오의 변동 추이를 조사하는 것이다. 각 종목의 투자 실적을 확인하고 각 기업의 6개월 간의 사업보고서를 살펴보라. 투자 실적이 평균치 미만이거나 지난 6개월간 주가 변동 추이가 부정적이라고 판단될 경우, 그동안 긍정적인 변동 추이를 보였고 전망(기본 데이터와 6개월 사업 실적)이 더 좋을 것으로 예상되는 주식으로 대체하라.

매수할 주식이 없다면
가만히 있어라

원칙 10

"나는 겉보기에 최악인 시기에 최고의 투자 기회가 온다고 믿는다."[97]

"탄탄하고 장기적인 모든 투자 프로그램에는 인내심과 끈기가 필요한 법이다. 하지만 20년 동안 2배의 수익을 내지 못한 투자 펀드라면 별로 기대할 것이 없다."[98]

시장은 베어 마켓과 불 마켓 사이를 끊임없이 오간다. 역발상 투자자 템플턴은 이렇게 조언한다. "비관론으로 주식 시장이 바닥을 칠 때 주식을 사고, 낙관론으로 주식 시장 분위기가 들떠 있을 때 주식을 팔아야 한다."[99]

그는 증시가 붕괴했을 때 잠잠히 기다리라고 조언한다. 이런 경우 절대 패닉 셀링Panic Selling(갑작스러운 요인으로 주가가 떨어질 때 투자자들이 보유 주식을 마구 파는 것-옮긴이)은 절대 하지 말아야 한다. 증시가 붕괴하여 저가로 매수할 수 있는 좋은 주식이 생겨나진 않았는지 살펴봐라. 조사가 끝나면 현재 보유하고 있는 주식의 일부를 매도하고 저평가된 주식을 매수하라. 괜찮은 주식이 없다면? 템플턴은 이렇게 말한다. "매수할 만한 주식이 없다면 가만히 있어라."[100]

주식 시장은 상승과 침체, 불 마켓과 베어 마켓이 끊임없이 반복되는 불확실한 곳이다. 하지만 한 가지는 확실하다. 약세장이 끝나면 강세장이 온다는 것이다. 그래서 대부분 국가의 주식 시장 흐름은 파동 운동의 형태를 띠고 있다. 그리고 장기적 관점에서 파동은 한 방향만을 향한다. 바로 파동은 위로 움직인다는 것! 주가가 바닥을 쳤다는 것은 아직 패닉 셀링을 할 시기가 아니라는 뜻이다. 기본 데이터 분석 결과가 여전히 긍정적이라면 주가가 폭락한 기업에 관한 뉴스가 도배되더라도 주식을 매도할 이유가 없다. 약세장을 새롭고 흥미로운 기업의 주식을 매수할 기회로 삼아라.

실수 목록을
작성하라

원칙 11

"모든 실수를 인생 경험으로 만들라. 같은 실수를 반복하
지 않도록, 어느 부분이 잘못됐는지 실패의 원인을 철저
하게 파헤쳐라."[101]

인간은 실수를 한다. 이것은 누구나 알고 있는 삶의 지혜
다. 반면 실수를 통해 배우고 다시 반복하지 않는 것은 요
령에 속한다. 존 템플턴과 같은 주식의 대가들도 마찬가지
다. 그는 전설의 '페니 스톡 거래'로 미주리퍼시픽철도회

사의 우선주를 12.5센트에 매수해서 5달러에 매도했다. 이 주식만으로도 40배의 수익을 올렸다. 이를 투자자들 사이에서는 '40배거40bagger'라고 한다. 하지만 시간이 더 지나자 그가 잘못 판단했다는 사실이 드러났다. 몇 년만 더 기다렸더라면 미주리퍼시픽철도회사의 주식은 40배거가 아니라 840배거가 됐을 것이다.[102]

당신이 예측한 바와 달리 기업의 주식이 부정적인 방향으로 가고 있다면 원인을 분석하라. 예상과 다르게 전개되는 원인을 분석하고 '실수 목록'을 작성하라. 다음에 주식을 매수할 때 이 목록에 적혀 있는 실수는 반복하지 마라. 또한 당신이 목표로 했던 주가를 달성했다고 해도 기계적으로 팔지 말라. 주식을 매도하기 전에 주식의 내재가치를 다시 한번 확인해보라. 내재가치가 오르지 않았다면 주식을 파는 것이 맞지만, 내재가치가 올랐다면 이 주식은 계속 보유해야 한다.

기도를 통해
평정심을 얻어라

"기도로 시작하면 실수가 눈에 띄게 적어진다."[103]

존 템플턴은 이사회든 주주총회든 상관없이 모든 회의를 기도로 시작했다. "당신이 기도로 회의를 시작한다면 그 회의는 더 좋은 성과를 얻고 결실을 맺을 수 있다. 그리고 모든 참여자의 도움을 받아 결정을 내릴 수 있다. 모든 만남을 기도로 시작한다면 대립도 적어질 것이다. 내가 자주 말해왔듯이, 기도는 우리가 더 명확하게 생각할 수 있도록 도와준다."

템플턴은 매우 신앙심이 깊은 사람이었다. 그는 중요한 결정이나 일정을 앞두고 있을 때 기도를 하며 마음을 가다듬었다. 이것이 그에게는 큰 도움이 됐다. 어떤 종교든 상관없이, 기도는 종교를 가지고 있는 모든 사람에게 심리적 안정감을 주는 수단이 될 수 있다. 종교가 없는 사람이라고 해도 중요한 결정을 하기 전에 잠시 명상하고 성찰하는 시간을 가지면 마음의 안정을 찾을 수 있다.

신도 시장을
이길 수 없다

"꾸준히는 아니더라도, 어쩌다 한 번 시장을 이기는 투자 회사가 있다면 그 회사는 당신이 생각하는 것보다 훨씬 더 일을 잘하고 있는 것이다."[104]

펀드매니저가 시장을 장악하는 것, 그러니까 스탠더드앤드 푸어 500 지수(이하 'S&P 500') 또는 독일 닥스 지수보다 좋은 실적을 내는 것은 쉬운 일이 아니다. 주가지수와 달리 투자 회사는 금융 거래 비용을 지불해야 하기 때문에 순실적이 크게 줄어든다. 주가지수는 주식을 사거나 팔 때 수수료를 낼 필요도 없고 관리비 운용비가 들어갈 일도 없지만, 펀드매니저는 이것들을 모두 부담해야 한다.

효율적 시장 가설의 주창자이자 노벨경제학상 수상자인 유진 파마Eugene Fama는 시장을 뛰어넘는 실적을 내는 것은 근본적으로 불가능하다고 주장했다. 하지만 워런 버핏, 피터 린치, 존 템플턴 등을 비롯한 투자의 전설들은 충분히 가능하다고 주장했다. 그리고 실제로 시장을 능가하는 수익률을 거둠으로써 효율적 시장 가설을 반박했다.

당신이 투자로 시장을 이겼다면 크게 성공한 것이다. 하지만 장기 투자에 성공하는 투자자는 소수에 불과하다. 목표를 낮게 잡아라. 비교 기준은 MMDA(은행의 수시입출금식 예금-옮긴이) 평균 금리 또는 국채 수익률 정도로 잡으면 된다.

모든 답을 안다고
자만하지 마라

"현명한 투자자는 성공이란 끊임없이 새로운 질문에 대한 답을 찾아가는 과정이라는 사실을 깨달은 자다."[105]

"벤저민 그레이엄은 나에게 장부가치를 이용해 순유동자산보다 낮은 가격으로 주식 시장에서 거래되고 있는 기업을 보는 법을 가르쳐주었다. 그리고 나는 이 방법을 이용했다. 하지만 이제 미국에서 그 방법은 통하지 않는다. 이제 당신이 아무리 눈을 씻고 찾아봐도 순유동자산보다 낮은 가격으로 거래되는 주식은 없기 때문이다. 벤은 정말 현명한 사람이었다. 그의 투자법은 정말 탁월했다. 아직까지 그가 살아 있었더라면 뭔가 다양한 일을 하고 더 다양하고 새로운 투자법을 개발했을 것이다."[106]

그레이엄, 버핏, 멍거, 템플턴과 같은 주식의 대가들도 사람이다. 주식의 대가들도 당연히 실수를 하고 완벽하지 않다. 이들도 그 사실을 솔직하게 인정한다. 존 템플턴처럼 머리가 좋은 투자자들은 투자 환경이 끊임없이 변화하고 있으며, 새로운 상황에서는 지금과 다른 방식으로 대응해야 한다는 사실을 알고 있다. "특정 분야나 유형의 주식이 투자자들 사이에서 인기를 얻고 있어도 이 인기는 일시적이라는 사실이 곧 확인될 것이다. 그리고 그 인기는 몇 년 후에 다시 돌아올 것이다."[107]

훌륭한 투자자는 열린 눈으로 투자 환경에 주목해야 한다. 새로운 업종의 등장과 같은 혁신에 개방적인 태도를 가져라. 이런 성장 업종의 향후 잠재력을 분석하라. 특히 미래가 촉망되는 기업이 있다면, 기본 데이터를 바탕으로 그 분야의 기업을 분석하고 투자하라.

투자 형태에 대해서는 융통성을 가져라. 경제사에서 주식 투자로 최고 수익을 올릴 수 없던 시절에는 부동산, 국채, 회사채에 투자해서 큰 수익을 거둘 수 있었다.

세상에 공짜는 없다

---------------------- **원칙 15** ----------------------

"47년 전부터 우리는 이것을 '정량적 증권분석'이라고 표현해왔다. 우리는 느낌이 좋다고 해서 주식을 매수하진 않는다. 철저하게 수치를 분석한 결과, 다른 분야보다 장래성이 있다고 판단되는 주식만 매수한다."[108]

주식 시장에서 공짜로 얻는 것은 없다. 기본 분석에 따른 금융 수치를 알고 있다면, 최대한 정확하게 검토한 기업에만 투자해라. 일상생활에 적용되는 원리가 증시에도 적용된다. 부지런히 일하지 않으면 아무것도 얻을 수 없다!

투자는 느낌이나 최고의 팁에 맡기는 것이 아니다. 주식 시장에서 성공으로 가는 지름길은 없다. 주식을 선택할 때 감정에 휘둘리지 마라. 당신이 맨 처음 산 차가 폭스바겐이었다고 해서 폭스바겐 주식을 사면 안 된다. 뜬소문이나 주식 시장 동향을 무조건 따라가도 안 된다. 마리화나 시장의 전망이 좋다고 해서 마리화나 기업에 투자하면 안 된다. 전망이 아주 좋다고 은밀하게 소문이 돌고 있는 '찌라시 주식'도 사지 마라.

걱정한다고
주가가 오르지 않는다

원칙 16

"우리가 연구한 결과 장기적인 관점에서 주가는 오르고,

오르고, 오르고, 또 오른다."[109]

마지막 열여섯 번째 투자 원칙에서 존 템플턴은 투자자들에게 긍정적으로 생각하고 행동하라고 말한다. 그는 앞으로 우리에게 밝은 미래가 펼쳐질 것이라고 확신했다. 이념과 정치 갈등이 사라진, 그리고 기술이 놀랍게 발달할 미래에는 세계 경제가 좀 더 촘촘히 연결되고 전 세계적인 커

뮤니케이션이 이뤄질 것이기 때문이다.

그러니 평생 긍정적인 태도로 살자. 긍정적인 태도는 인생을 편안하게 해준다. 특히 투자는 더욱 그렇다. 소심한 겁쟁이는 주식에 투자하지 않는 것이 좋다. 이런 사람들은 주가가 바닥을 치면 인내심도 바닥이 나며, '주식 투자는 너무 위험해'라는 생각에 사로잡히게 된다. 먼저 블루칩 같은 안정적인 주식에 소량을 투자하고, 주가가 어떻게 변하는지 기다리며 관찰하라.

부록

저가 매수 전 반드시 체크해야 할 금융 지표

존 템플턴의 10가지 투자의 지혜

더 클래식 존 템플턴 연대표

더 클래식 투자 용어 사전

저가 매수 전
반드시 체크해야 할 금융 지표

"우리는 느낌이 좋다고 주식을 매수하진 않는다. 수치 분석 결과를 보고 다른 것에 비해 장래성이 있는 주식을 매수한다."[110]

"우리가 저가 주식 사냥꾼이라는 점을 기억해라. 우리는 저평가됐다는 확신이 드는 주식만 매수한다."[111]

"나는 내재가치에 비해 아주 낮게 평가된 주식을 매수했을 때 가장 큰 수익을 올렸다."[112]

로런 템플턴이 『존 템플턴의 가치투자 전략Investing

the Templeton Way』에서 거듭 강조했듯이, 템플턴은 완벽한 저가주 사냥꾼이었다. 가치투자의 창시자인 벤저민 그레이엄[113]의 제자였던 존 템플턴은 남들은 무시하는 아주 기초적인 금융 지표와 데이터를 철저히 분석했다.

그렇다면 그는 어떤 숫자를 중요하게 여겼을까? 그가 궁극적으로 찾고자 한 값은 주식의 '내재가치'였다. 내재가치를 구하는 공식은 간단하다. 해당 주식 종목의 '시가총액'에 해당 주식 종목의 '아직 드러나지 않은 가치'를 더한 다음, 그 값을 '총 주식 수'로 나누는 것이다. 이때 이 '내재가치'가 실제 주가보다 월등히 낮다면 반드시 매수해야 할 종목이다. 앞으로 더 큰 성장을 할 것이기 때문이다. 하지만 여기서 문제가 생긴다. '시가총액'과 '총 주식 수'는 명쾌한 숫자로 딱 떨어지지만 '아직 드러나지 않은 가치'는 대체 무엇으로 측정한단 말인가? 그래서 템플턴이 주목한 두 수치가 이것이다(이 수치들은 실제 측정 가능한 것은 물론이고, 아주 손쉽게 구할 수 있는 숫자들이다!).

하나는 주가수익비율Price Earning Ratio(PER)이다. PER은 현재 주가를 주가순이익Earnings Per Share(EPS)으로 나눈 값이다. 만약 A라는 기업의 주가가 10만 원이고 EPS가 2만 원이라면 A 기업의 PER은 5다. EPS가 높을수록 PER은 낮아지는데, PER이 낮다는 것은 그만큼 해당 기업의 주가가 저평가되어 있다는 뜻이고 이는 앞으로 '내재가치'가 상승할 여력이 크다는 것을 의미한다.

물론, 템플턴이 주목한 '마법의 숫자' 중 하나가 고작 PER이라고 하니 실망한 이도 있을 것이다. 그래서 템플턴은 '실러 PER(Shiller PER)'도 눈여겨봤다. 실러 PER은 노벨경제학상 수상자 로버트 실러Robert

Shiller가 기존 PER을 변형해 개발한 지수다. PER이 단일 종목의 저평가 여부를 측정하는 지표라면, 실러 PER은 현재 글로벌 주식 시장 전체의 가격이 정상적인지 아닌지를 측정하는 지표라고 할 수 있다. 실러 PER은 S&P 500 기업 전체의 주가를 해당 기업들의 지난 10년간의 인플레이션을 반영하지 않은 EPS로 나눈 값이다.

실러 PER의 가장 큰 장점은 주식 시장에 영향을 미치는 외적 요인을 제거한 뒤 주가의 실제 가치 추세를 평준화해 바라볼 수 있다는 점이다. 실러 PER은 지금도 계속해서 그 수치가 갱신되고 있다. 아래의 인터넷 사이트에 들어가 확인해보자.

https://www.multpl.com/shiller-pe

현재 실러 PER은 34를 넘어선 상태다(2022년 4월 기준). 지금까지 실러 PER이 25를 넘은 적은 단 세 차례였다. 1929년 대공황, 2000년 IT 버블, 그리고 지금. 템플턴은 개별 종목의 PER과 시장 전체의 추세를 보여주는 실러 PER을 비교하며 내재가치가 가장 높은 기업을 꾸준히 찾아 헤맸다.

두 번째는 주가장부가치비율Price Book Value Ratio(PBR)이다. PER과 마찬가지로, 투자자들에게 가장 익숙한 지표 중 하나다. PBR은 현재 주가를 주가장부가치Bookvalue Per Share(BPS)으로 나눈 값으로, 기업의 '자산 가치'를 측정할 수 있는 중요한 지표다. 예를 들어 총 자산이 100억 원인데 부채가 90억 원인 기업이 있다고 해보자. 해당 기업의 순자산은 10억 원이다. 이 기업이 총 1만 주의 주식을 발행했다면 이 기업의 BPS는 10억(순자산)을 1만(총 주식 수)으로 나눈 값인 10만 원이 되는 것이다. 순자산은 '청산가치'라고도 불리는데, 지금 당장 이 기업이 영업을 중단

하고 시장에 청산될 경우 받게 되는 금액이 순자산이기 때문이다. 따라서 BPS야말로 해당 기업의 현재 가치를 가장 정확하게 나타내주는 지표라고 할 수 있다.

PBR은 현재 주가를 바로 이 BPS로 나눈 값으로, 값이 낮을수록 저평가 기업이라고 판단할 수 있다. PBR이 낮다는 것은 현재 주가는 상대적으로 낮은데, 현재 가치인 BPS는 상대적으로 높다는 것을 뜻하기 때문이다. 통상적으로 PBR이 1보다 낮다면 저평가 기업으로 분류할 수 있다(해당 기업이 적자를 냈거나 적자로 말미암아 자기자본이 규칙적으로 감소하는 경우는 예외다).

템플턴은 기업의 실제 가치를 확인하기 위해 PBR과 함께 주가현금흐름비율Price Cashflow Ratio(PCR)을 눈여겨봤다. PCR은 기업의 유동성에 초점을 맞춘 금융지표로, 현재 주가를 주가현금흐름Cashflow Per Share(CPS)으로 나눈 값이다. 여기서 CPS는 얼마나 많은 유동 자금이 한 분기 또는 사업연도에 기업의 금고로 흘러 들어갔는지 보여주는 수치로, 당연히 CPS가 높을수록 해당 기업의 재무 상태가 탄탄하다고 평가할 수 있다. PCR은 낮으면 낮을수록 저평가 종목이라고 판단할 수 있다.

이밖에도 템플턴은 매년 적자를 기록해 PER 산출이 불가능한 기업을 평가할 때 주가매출비율Price Sales Ratio(PSR)을 계산하기도 했고(주로 공산품 제조업, 도매업, 원료 제조업 등 '경기순환주'의 경우 PSR을 적극적으로 활용했다), 연간 배당수익을 주가로 나눠 계산하는 배당수익률Dividend Yield Ratio(DY)을 근거로 삼아 저평가 기업을 골라내기도 했다(배당수익률이 3퍼센트 이상일 때에만 '매수 적합' 의견을 냈다).

주식 매수를 염두에 두고 있다면 그 기업에 대한 전체 그림을 그려봐야 한다. "그 기업이 어떻게 돌아가는지, 어떤 방법으로 판매 활동을 촉진하는지, 수익을 유지하는 데 어떤 압력을 받고 있는지, 시간이 흐를수록 결과가 어떻게 나타나는지, 경쟁 기업에 어떻게 대응하는지 등을 살펴봐야 한다."[114]

여기서 말한 PER, PBR, PCR 등의 기본적인 지표만 제대로 살펴봐도 당신이 투자하려는 기업의 내재가치를 충분히 찾아낼 수 있을 것이다.

존 템플턴의 10가지 투자의 지혜

마지막으로 당신에게 존 템플턴의 10가지 투자의 지혜를 소개한다. 주식을 매수하기 전에 다음 10가지 사항을 먼저 점검해보길 바란다. 틀림없이 적중률이 높아질 것이다. 여기서 절대 잊지 말아야 할 사실이 있다. 성급하게 주식을 매입하지 말아야 한다는 것이다. 당신이 투자하고 싶은 기업을 철저하게 분석한 뒤 투자하라.

1. 당신의 투자 목적은 실질 총수익을 최대화하는 것이다. 따라서 투자에 성공할 가능성이 큰 주식에만 투자하고 수수료, 세금, 환율 위기, 인플레

이션 등 매수 시 발생하는 비용과 리스크를 고
려해야 한다.

2. 투자에 성공할 가능성이 큰 주식들에 대해 체계
   적으로 분석할 시간을 가져라. '성실해야 얻을
   수 있다'라는 격언은 투자에도 적용된다.

3. 흐름을 거슬러서 헤엄쳐 나아가라. 그렇게 해야
   주식 투자에서 평균 이상의 높은 수익을 얻을
   수 있다. 증시 패닉 상태에서 다른 투자자들이
   매도하는 주식을 사들여라. 비관론이 최대일 때
   투자하고 낙관론이 최대일 때 팔아라!

4. 투자를 할 때 경기 전망이나 업계 동향에 흔들
   리지 마라. 주식을 선택할 때 상향식 접근 방법
   을 이용하고 각 기업을 분석하라. 기본 데이터
   가 일치하는가? 기본 데이터 외에 이 기업의 질

적 특성(유명 브랜드, 우수한 운용 실적 등)으로는 어떤 것들이 있는가?

5. 분산하라! 당신의 돈을 하나의 주식에만 투자하지 말고, 다양한 분야와 국가의 주식을 매수하라.

6. 주식을 선택할 때 해외 주식도 고려하라. 특히 당신이 투자하려는 국가가 정치적으로 안정되어 있는지, 통화 리스크가 크진 않은지 유의하라. 해외 주식에 투자할 경우 세금 문제도 꼼꼼히 따져봐라. 당신이 투자를 염두에 두고 있는 국가에 지나친 과세 부담을 방지하기 위한 이중과세 방지 협약double tax avoidance agreement(자본·인력·기술 따위의 국가 간 이전 과정에서 이중으로 과세하는 것을 방지하기 위한 협약-옮긴이)이 체결되어 있는가?

7. 어떤 주식에 투자할 것인지 결정했다면 바로 사지 마라! 잠시 기다려라!

8. 최대한 낮은 가격일 때 주식을 매수하라.

9. 융통성 있게 행동하라! 주식에만 투자하지 마라. 수익률이 더 높다면 부동산이나 국채, MMDA 등 다른 대상에도 투자하라.

10. 다양한 가능성을 열어두고 주식을 선택하라. 기본 데이터 외에도 앞에서 언급한 질적 기준을 고려하라. 필요하다면 투자 결정을 위해 차트 분석 데이터도 활용하라.

더 클래식 존 템플턴 연대표

1912년　　출생

테네시주 남부의 농촌 도시 윈체스터에서 변호
사 하비 맥스웰 템플턴과 아내 벨라 핸들리 템
플턴의 둘째 아들로 태어났다.

1920년　　첫 사업 시작

여덟 살이었던 템플턴은 윈체스터에 폭죽을 파
는 곳이 없다는 사실을 발견하곤, 오하이오주의
폭죽 회사에 여러 가지 폭죽을 주문해 학교에서
비싼 가격에 되팔았다.

1930년　　첫 아르바이트 시작

졸업생 대표 연설을 할 정도로 우수한 학생이었

던 템플턴은 고등학교 졸업 후 꿈에 그리던 예일대학교 입학 시험에도 합격했다. 그러나 학비를 감당할 수 없었기에 곧바로 허스트 퍼블리싱 컴퍼니라는 잡지사의 영업사원으로 취직해 잡지를 팔았다. 세계 경제 공황으로 어렵던 시절이었지만 그는 훌륭한 실적을 냈다.

1930년 예일대학교 입학

아르바이트로 모은 돈과 아버지가 지원한 돈을 합쳐 마침내 예일대학교 경제학과에 입학한다. 2년 뒤 템플턴은 자신의 세부 전공을 '투자 컨설팅'으로 선택한다.

1934년 첫 주식 투자

아버지가 더 이상 학비를 지원해 줄 수 없다고 선언하자, 그는 학교 연보를 만들고 수석 조교로 일하는 등 다양한 활동을 통해 등록금을 충당했다. 그는 연보의 판매 수익금 중 일부로 생애 첫 주식 계좌를 개설해 '스탠더드 가스 앤드 일렉

트럭 컴퍼니'라는 주식을 매수한다.

1937년   직장생활 시작과 텍사스 이주

페너앤드빈이라는 투자 컨설팅 회사에 취직하지만 얼마 지나지 않아 텍사스주 댈러스에 있는 내셔널 지오피지컬 컴퍼니에서 더 나은 조건의 일자리를 제안받는다. 그는 새 일자리를 수락하고 아내와 함께 텍사스로 떠난다.

1939년   전설의 '페니스톡' 거래

템플턴은 본격적으로 사업을 일으키기 전에 마지막으로 대규모 개인 투자를 감행한다. 대출까지 받아 과감하게 미국 주식에 베팅한 것이다. 그는 저가 주식을 공격적으로 매수해 되파는 투자 전략인 페니 스톡 거래로 투자금 1만 달러를 단숨에 4배로 불렸다. 이로써 월가에는 그의 이름이 널리 알려지게 되었다.

1950년   가족의 비극

어머니 벨라 템플턴이 세상을 떠났고, 이어 떠난
부부 여행에서 아내 더들리가 오토바이 사고로
세상을 떠났다. 템플턴은 깊은 상실감에 빠진 채
절망의 나날을 보냈다.

1954년   템플턴 그로스 펀드 유한회사 설립

슬픔에서 벗어난 템플턴은 새 회사를 설립해 새
로운 펀드 상품을 판매하기 시작한다.

1958년   재혼

전 남편과의 사이에 2명의 아이를 둔 아이린 버
틀러와 재혼, 7명의 대가족이 탄생한다.

1968년   영국 국적 취득

투자와 사업 등으로 엄청나게 많은 돈을 번 템
플턴은 사회에 더 많은 돈을 기부하기 위해 영
국으로 귀화한다. 이와 함께 영국령 바하마로 가
족과 이주해 여생을 보냈다.

1972년　　**템플턴상 제정**

독실한 신앙을 지녔던 그는 종교 발전을 위해
템플턴상을 제정하고 종교와 학문 분야에서 공
헌한 사람들에게 상을 수여했다. 한국에서는 한
경직 목사가 1992년 처음이자 마지막으로 수상
했으며, 가장 최근에는 영국의 생물학자 제인 구
달이 상을 받았다.

1987년　　**템플턴 재단 설립**

좀 더 본격적으로 사회 공헌 활동을 벌이기 위
해 재단을 설립했다. 이 공로를 인정받아 영국의
엘리자베스 2세 여왕에게 기작 작위를 받았다.

1971년　　**일본 주식 투자**

미국에서 더 이상 헐값 매수의 기회를 찾기 힘
들어지자 투자의 범위를 넓혀 일본 주식에 대량
으로 투자해 역시 큰돈을 벌었다.

1978년   **템플턴 월드 펀드 출시**

그간의 투자 경험을 기반으로 다양한 펀드를 출시했고, 이와 함께 인기 TV 쇼 「월스트리트위크」 출연하며 '월가의 스승'이라는 별명이 붙었다.

1992년   **비즈니스 은퇴**

주식 비즈니스와 펀드 매니지먼트 일을 완전히 접고 일선에서 물러났다. 이후 개인 투자만 이어가면서 템플턴 재단 등 자선기관을 통해 기부 활동에 열정을 쏟아부었다.

1993년   **아내 사망**

2008년   **사망**

아흔다섯 살의 고령으로 바하마의 나소에서 세상을 떠났다. 사망 당시 그의 재산은 10억 달러 이상이었다.

더 클래식 투자 용어 사전

가치 상승형 펀드

특정한 투자 철학에 얽매이지 않고 자유롭게 구성된 펀드. 피터 린치의 마젤란 펀드가 대표적인 가치 상승형 펀드다.

가치투자

증권 분석의 한 방법으로, 기본적 분석의 변형이다. 가치투자자들은 가격(주가)이 한 기업의 내재가치보다 낮을 때 투자한다. 일반적으로 이런 기업의 주가수익비율은 낮고 배당수익률은 평균치보다 높다. 가치투자자의 목표는 저평가된 기업을 골라 투자하는 것이다. 가치투자는 1930년대에 미국의 투자가 벤저민 그레이엄과 데이비드 도드가 개발했다.

공개 매수

특정 기업에 대한 통제권을 얻을 목적으로 주식을 대량으로 매수하는 행위. 기업에 대한 통제권은 해당 기업 주식의 30퍼센트 이상을 매수하면 얻을 수 있다.

공매도

매도 시점에 시장 참여자들의 소유 상태가 규정되지 않은 상태에서 주식, 상품, 외환 등이 매도되는 경우를 일컫는다. 일반적으로 나중에 더 낮은 가격으로 주식을 매입하려는 투자자들이 공매도를 이용한다.

관리 수수료

운용되고 있는 투자 펀드에 대해 펀드 소유주에게 매년 부과되는 수수료를 말한다. 이 수수료는 펀드 자산에서 공제되므로 그만큼 펀드 수익도 줄어든다.

국가 펀드

특정 국가의 기업에 투자하는 펀드. 수익률 변동 폭이 크지 않아 국가 펀드 투자자들은 인내심이 필요하다. 반주기적

매도에 치우치는 경향이 있으며 일반적으로 수수료가 높은 편이다. 환율 리스크가 결코 적지 않다는 것에도 유의해야 한다.

글로벌 주식 예탁증서

'GDR(Global Depository Receipts)'라고도 불린다. 증시에서 주식을 대리 거래할 수 있도록 허용하는 채무 증서 혹은 예탁 증서를 일컫는다. 미국 예탁증서와 마찬가지로 주식을 수탁하고 있는 금융기관에서 발행하지만, 글로벌 주식 예탁증서는 비미국계 금융 기관에서 발행한다는 점에서 다르다. 미국 예탁증서는 국내 증시에 상장되지 않은 해외 주식을 거래할 때 사용되는 대체 증권이다.

금융 지표

한 기업의 경제적 성과를 평가하는 모든 경영 지표를 말한다. 대표적인 예로 배당수익률, 자기자본비율, 자기자본수익률, 주가수익비율, 주가장부가치비율, 주가현금흐름비율, 주가매출비율 등이 있다.

기본적 분석

대차대조표 수치, 주가수익비율, 배당수익률 등 경영에 관한 기본 데이터를 바탕으로 기업을 평가하는 분석법.

기술적 분석

주식 시세를 중심으로 주가의 미래 가치를 분석하는 방법으로, 여기에서는 차트 분석을 의미한다. 과거 시세를 바탕으로 향후 주가 동향을 귀납적으로 추론한다.

기업 공개

주식회사가 주식 시장에 처음 상장하거나 첫 매도하는 것을 의미한다. 'IPO(Initial Public Offering)'라고도 불린다.

내재가치

대차대조표 혹은 금융 지표 분석을 바탕으로 평가된 한 기업의 가치. 내재가치는 자기자본과 숨은 자산의 합을 주식의 수로 나눈 것이다. 내재가치가 현재 주가보다 (월등히) 높을 때 주식은 저평가된 것으로 평가할 수 있다.

다우존스 산업 평균 지수

약칭 '다우지수'로 불리며 미국 투자 시장을 대표하는 주가지수다. 세계에서 가장 오래된 주가지수로, 1884년 찰스 다우가 산출했다. 참고로 미국 30대 상장 기업의 평균 주가지수인 다우지수는 주가지수가 아니라 시세지수다. 다우존스 산업 평균 지수는 배당금의 영향을 받지 않는다.

대차대조표

특정 시점 한 기업의 자산 상태를 비교해 놓은 표를 의미한다. 대차대조표의 차변에는 지출 내역을, 대변에는 자본의 출처를 기록한다. 모든 주식 투자의 기본 데이터로 활용되는 매우 중요한 지표다.

대형주

시가총액과 주가가 두루 높은 대기업 주식. 동의어로 '블루칩'이 있다.

데이비드 도드

미국의 경제학자이자 투자가. 그는 벤저민 그레이엄과 함께 컬럼비아대학교에서 가치투자 전략을 연구했다.

독일 종합주가지수

'독일 닥스 지수'라고도 불린다. 프랑크푸르트 증시에 상장된 기업 중 30대 기업을 대상으로 구성된 종합주가지수로, 세계 투자 시장에서 네 번째로 규모가 큰 독일 증시의 동향을 판단하는 지표다.

레버리지 상품

외부 자본을 투입하면 자기자본수익률이 높아질 수 있다. 투자 영역에서는 레버리지 효과는 소위 파생상품, 선물, 옵션, 레버리지 채무 증서 혹은 차액 결제 거래 등을 통해서 얻을 수 있다. 기준가가 원래 예상했던 방향대로 발전하면 상승 쪽으로 기울고, 기준가가 예상했던 것과 반대 방향으로 발전하면 손실 쪽으로 기운다.

마켓 멀티플

특정 주가지수의 평균주가수익비율을 말한다. 예를 들어 다우지수의 마켓 멀티플은 지난 약 30년간 평균 18을 기록했다.

미국 예탁증서

'ADR(American Depository Receipts)'라고 불린다. 증시에서 주식을 대리 거래할 수 있도록 허용하는 채무 증서 혹은 예탁 증서를 말한다. 주식을 수탁하고 있는 미국의 금융 기관에서 발행한다. 국내 증시에 상장되지 않은 해외 주식을 거래할 때 사용되는 대체 증권으로 활용되기도 한다.

미국 증권거래위원회

줄여서 'SEC(Securities and Exchange Commission)'라고 부른다. 워싱턴 D.C.에 있으며 미국의 주식 시장을 감독하는 기관이다.

발행 수수료

투자 펀드를 발행할 때 처음 한 번 부과되는 매입 수수료를 일컫는다.

발행인(발행기관)

유가증권(기업, 은행, 보험, 국가)을 발행하는 사람 혹은 기관을 말한다. 발행된 유가증권은 주식이 될 수도 있고 채권이 될 수도 있다.

배당금

수익에 참여하는 행위에 대한 대가. 규모와 지급 횟수 등은 주식회사의 주주총회에서 결의한다. 독일에서는 1년에 1회 배당금을 지급하는 것이 일반적이나, 미국에서는 1년에 4회 배당금을 지급한다. 배당금 지급일에 주주는 반드시 해당 주식을 보유하고 있어야 한다.

버나드 바루크

미국의 금융가이자 주식 투자자, 정치 자문, 자선가였다. 뉴욕 증시에서 성공하면서 그는 '월스트리트의 왕'으로 알려졌다. 바루크는 미국의 여러 대통령의 정치 자문을 담당했을 뿐만 아니라, 윈스턴 처칠 영국 총리 내각에서도 잠시 일했다.

법인

고유한 권리능력을 갖는 조직(기업이나 기관 투자가 등)을 말한다. 이때의 법인은 자연인에 대비되는 개념이다. 예를 들어 주식회사도 일종의 법인이다.

베어 마켓

마치 곰이 하염없이 엎드려 잠을 자듯 하락세가 지속되는 장을 일컫는다. '약세장'이라고도 한다.

벤저민 그레이엄

미국의 경제학자이자 투자자다. 데이비드 도드와 함께 뉴욕 컬럼비아대학교에서 기본적 분석을 개발했다. 훗날 투자의 대가가 되는 존 템플턴과 워런 버핏도 당시 그의 제자였다.

보통주

보통주 소유주는 정기 주주총회에서 발언권을 갖는다. 발언권이 없는 주식을 우선주라고 한다.

부채율

한 기업의 자기자본에 대한 외부자본 비율을 일컫는다. 부채율이 2라는 것은 그 기업의 외부자본이 자기자본의 2배라는 뜻이다.

분산투자

투자 원금의 손실 위험을 줄이기 위한 투자법이다. 투자자들은 자신이 보유하고 있는 투자 자금을 다양한 주식이나 채권, 펀드 등의 투자 유형으로 분산시켜 증시가 어떻게 변하더라도 한꺼번에 악화되지 않도록 대비한다. 그러나 워런 버핏은 지나치게 광범위하게 분산투자하는 전략은 투자수익률을 떨어뜨린다며 거듭 경고한 바 있다.

불 마켓

마치 황소가 돌진하듯 상승세가 지속되는 장을 일컫는다. '강세장'이라고도 한다.

브로커

고객에게 주식을 매수하거나 매입하는 주식 중개인을 말

한다. 투자 은행에서 고객을 위해 유가증권을 관리하거나 고객의 요청 사항을 처리하는 이들에게도 같은 명칭을 사용한다.

블루칩

대형 주식회사 중에서도 매출이 높은 주식을 블루칩이라고 한다.

상장지수펀드

'ETF(Exchange Traded Funds)'라고 불린다. 자산 구조가 지수를 기준으로 구성되고 평가되는 투자 펀드를 말한다. 상장지수펀드 관리는 큰 규모의 분석팀 없이 가능하기 때문에 관리 비용이 저렴하다. 상장지수펀드는 거의 모든 투자 유형에 적용할 수 있다. 상장지수펀드로 투자자들은 주식, 원자재, 채권, 파생상품 등에 손쉽게 투자할 수 있다.

상품가격연동증권

'ETC(Exchange Traded Commodities)'리고도 부른다. 유가증권을 발행하는 기관에서 기간 제한 없이 발행하는 채권 증서로, 항상 상품과 관련이 있다. 예를 들어 귀금속 상품가격연동증권은 금을 기준가로 삼는다. 유가증권거래소에서 거래된다.

선물

지정된 분량의 상품을 구체적인 가격과 정해진 기간 내에 매수 혹은 매도한다는 내용을 합의한 일종의 계약서다. 주식 시장에서 거래되는 선물을 '금융 선물'이라고 한다.

상향식 접근 방식

기업이나 주식을 분석할 때 전반적인 경제 동향과 시장 진단의 영향을 받지 않고 주식 그 자체의 가치와 미래 전망 등에만 집중하는 분석 방법. 이런 방식을 따르는 투자자들을 '보텀업 투자자'라고 부른다.

성과지수

자본 변동이나 배당금 규모를 반영해 평가하는 지수. 성과지수의 대표적인 예가 '닥스 지수'다. 성과지수에 대응되는 개념을 시세지수라고 한다.

성장형 펀드

주로 평균 이상의 실적을 달성하고 강한 성장 잠재력을 제공하는 기업의 주식에 투자한다. 대표적인 예로 '템플턴 그로스 펀드'가 있다.

섹터 펀드

석유 산업, 자동차 산업, 소비재 산업 등 특정 업종에만 투자하는 펀드.

소형주

시가총액 및 주가가 낮은 소기업 주식을 말한다.

수익

수익의 종류에도 여러 가지가 있다. 자기자본수익은 투입된 자기자본에 대한 이자를 말하고, 총수익은 투입된 자기자본과 외부자본에 대한 이자를 말한다. 매출수익은 일정 기간 동안의 수익을 백분율로 나타낸 것이다.

수익률

이자 수입이나 투자 수익을 원금으로 나눈 값이다.

스탠더드앤드푸어스 500 지수

약칭으로 'S&P 500(Standard & Poor's 500) 지수'로 부른다. 미국 주식 시장을 대표하는 지수다. 미국 500대 기업의 주가를 반영시켜 산출하며, 다우존스 산업 평균 지수와 마찬가지로 미국 경제 상태를 정확하게 반영하고 있다.

스톡피커

상장 기업 혹은 상장 기업의 주식을 계획적으로 투자하는 투자자들을 일컫는다.

스프레드(가산금리)

유가증권을 매수하거나 매도할 때 시세의 차익을 말한다.

시가총액

상장된 특정 기업 주식의 총 평가액을 말한다. 시가총액은 주가와 유통 주식 수를 곱하여 산출한다.

시세 지수

성과지수와 달리 주식 그룹의 시세 동향만을 나타낸다. 시세지수에는 자본 변경 이력이나 배당금 규모 추이 등은 반영되지 않는다.

실적

주식, 투자 펀드, 상장 기업에 대한 자금 투자의 모든 시세 변동을 나타내는 개념이다.

심리 분석

시장의 분위기와 투자자들의 심리 상태를 반영해 시세 동향을 평가하는 분석 방식을 말한다. 설문 조사, 기업 평판, 언론 보도 횟수 등을 바탕으로 이뤄진다.

아웃퍼포먼스

업계 평균치 혹은 각 시장의 일반적인 지수, 인덱스 펀드의 평균 수익률보다 훨씬 높은 주가 변동 추이를 말한다.

안전마진

주식을 매수할 때 손실 위험을 방어하는 쿠션. 가치투자자들은 안전마진을 확보하기 위해 늘 투자하기 전에 해당 투자 기업의 내재가치를 추정한다. 가치투자자들은 내재가치에 비해 주가가 약 20~25퍼센트 이상 저렴할 경우 안전마진이 확보되었다고 평가한다.

액면분할

고가의 주식을 외관상으로 매력적으로 보이게 하기 위한 조치다. 주식의 액면가를 분할하는 것이므로 주식 수는 증가하지만 자본금은 동일하다. 액면분할을 하면 주가가 하락한다. 주가가 낮아지기 때문에 신규 투자자들에게는 진입 장벽이 낮아진다. 기존 주주들은 액면분할로 무상증자를 하지만, 주식의 가치는 동일하다. 액면분할로 주식의 수가 두 배로 늘어나는 경우 기존의 주주들은 두 배의 무상증자를 하는 셈이다.

역발상 투자자

비순응주의자, 독창적인 사고를 하는 사람, 흐름을 거슬러

혜엄쳐 주기에 역행하여 행동하는 사람 등을 말한다. 존 템플턴은 다른 사람들이 주식을 매도할 때 투자하고, 다른 사람들이 주식을 매입할 때 매도하라고 조언했으며, 앙드레 코스톨라니는 특히 1929년 증시 붕괴 때 시세가 떨어지는 주식에 투자하여 엄청난 수익을 올렸다.

연금기금

법적으로 독립적인 기관으로, 한 명 이상의 고용인이 피고용인에게 기업의 자본으로 운용되는 노령연금을 지급하도록 되어 있다. 피고용인은 연금기금에 지급을 청구할 권리를 갖는다. 연금기금은 평생 분할 지급받거나 일시금으로 지급받을 수 있다. 독일에서는 연금기금의 최대 90퍼센트를 주식에 투자할 수 있다. 연금기금으로 채권, 투자 펀드, 부동산, 채무 증서 등에 제한 없이 투자할 수 있다. 연금기금을 잘 활용하면 투자에서 큰 이득을 볼 수 있다.

외부자본

한 기업의 채무와 예비비로 구성된다. 쉽게 말해 대출, 저당 등을 뜻한다. 한 기업에 제공하는 모든 외부 자본을 뜻한다. 대차대조표에는 채무로 기입된다. 외부자본에 대비되는 개념은 자기자본이다.

우선주

수익 분배에 우선권을 갖는 주식으로 보통주보다 할당되는 배당금이 많다. 그러나 우선주 소유주는 정기 주주총회에서 발언권이 없다.

우호적 매수

공개 매수 계획 발표 전에 매수자와 피매수자가 합의에 도달한 경우를 뜻한다.

워런 버핏

미국의 가치투자자이자 대부호다. 투자사 버크셔해서웨이를 설립했다. 버크셔해서웨이의 'A주식'은 전 세계에 상장된 주식 중 가장 시세가 높다.

이사회

주식회사의 세 조직 가운데 하나다. 주식회사 이사회의 핵

심 업무는 기업을 관리하고 법정과 법정 외에서 기업을 대표하는 것이다.

인덱스 펀드

다우지수 등 주가지수를 모방하는 주식 펀드를 말한다. 현재는 대개 상장지수펀드라는 의미로 사용된다.

잉여현금흐름

투자에 당장은 필요하지 않은 현금흐름을 일컫는다.

자기자본

한 기업의 자기자본은 기업의 자산에서 부채를 공제한 것이다. 달리 표현해 자기자본은 창업자가 기업에 투자한 자본과 기업 활동을 통해 벌어들인 모든 수익을 말한다. 자기자본에 대비되는 개념은 외부자본이다.

자기자본비율

한 기업의 총자본(대차대조표 총액)에 대한 자기자본의 비중을 나타내는 금융 지표다. 자기자본비율은 한 기업의 자본

구조와 기업의 신뢰성에 관한 정보를 제공한다. 권장되는 자기자본비율은 업종에 따라 다르다.

자기자본수익률

관찰 기간 동안 한 기업의 자기자본에 얼마나 많은 수익이 발생했는지 알려주는 지표. 수익을 자기자본으로 나눈 값이다.

자본

한 기업의 자본은 자기자본과 외부자본으로 구성된다. 대차대조표에서 부채라고 표현한다.

장부가치

한 기업의 자산 가치(현재 자산)에서 부채를 차감한 것이 장부가치다.

장외 거래

장외에서 주식을 거래할 경우에 사용되는 개념이다. 'OTC'라고도 불리는데, OTC는 영어로 'Over The

Counter'약자다. 이는 '계산대 뒤에서'라는 뜻이다.

재무상태표

한 기업의 모든 재무 현황을 일목요연하게 정리한 문서.

적대적 매수

이사회, 감독위원회, 종업원의 사전 합의 없이 이뤄지는 주식회사의 공개매수.

전환 사채

채권의 일종으로, 주식회사에서 외부 자금을 조달할 목적으로 발행할 수 있다. 전환 사채의 보유자는 정해진 기간에 해당 기업의 주식으로 전환할 수 있다. 주식으로 전환하지 않으면 채권과 동일하다.

정기 주주총회

법으로 정해진 주주들의 모임으로, 한 기업의 보통주 보유자는 누구나 이사회의 초청을 받아야 한다. 정기 주주총회는 1년에 한 번 개최된다. 특별 안건이 있는 경우 임시 주주총회 소집도 가능하다. 정기 주주총회에서 이사회와 감독위원회, 이른바 주식회사 이사회의 업무 집행이 승인되고, 수익 사용이나 정관 결정을 결의한다. 증자, 인수 등 중차대한 사안을 협의한다.

정크 본드

'쓰레기 채권'이라는 뜻으로 원리금 상환 불이행의 위험이 큰 채권을 말한다. 재정 상태가 취약해 은행의 대출 승인을 받을 수 없는 기업들이 정크 본드를 발행한다. 리스크가 높기 때문에 일반적으로 금리가 높다.

존 템플턴

템플턴 그로스 펀드를 설립하였으며, 주식 역사상 가장 성공한 펀드매니저로 손꼽히는 인물이다.

주가 변동성

일정한 관찰 기간에 대한 한 주식의 표준편차(변동폭)를 일컫는다.

주가지수

주식 시장의 시세 변동을 수치로 나타낸 것이다.

주가매출비율

'PSR(Price Sales Ratio)'라고도 불린다. 특히 손실을 입은 주식의 가치를 평가하는 데 사용된다. 공산품 기업, 도매업, 원료 제조업 등 수익이 경기 동향에 좌우되는 주기성 주식의 경우, 주가매출비율을 평가의 기준으로 삼는다. 주가매출비율이 비교적 낮은 기업은 그렇지 않은 기업에 비해 가격 조건이 유리하다고 간주한다. 주가매출비율은 특정 종목의 시가 총액을 1주당 매출액으로 나눠 계산한다.

주가수익비율

'PER(Price Earning Ratio)'이라고 부른다. 한 기업의 주가가 현재 수익의 몇 배인지를 나타내는 금융 지표다. 주가수익비율은 주식 평가 시 가장 많이 사용되는 지표다. 그러나 손실을 입었을 경우 주가수익비율은 평가 기준으로 설득력이 없다. 이 경우에는 주가현금흐름비율을 기준으로 적용한다. 주가수익비율은 주가를 주가순이익으로 나눠 계산한다.

주가장부가치비율

'PBR(Price Book Value Ratio)'이라고 부른다. 주가장부가치비율은 워런 버핏, 벤저민 그레이엄 등의 가치투자자들이 주식과 기업을 평가하는 데 주로 사용했다. 주가장부가치비율이 낮을수록 주가가 낮다. 주가장부가치비율은 가치투자에서 특히 많이 사용된다. 주가장부가치비율은 주가를 주가장부가치로 나눠 계산한다. '주가순자산비율'이라고도 한다.

주가순이익성장비율

'PEG(Price Earnings to Growth Ratio)'이라고 부른다. 주가순이익성장비율은 성장주가 저평가 혹은 고평가되었는지 판단하는 기준으로 활용된다. 주가순이익성장비율이 1보다 낮은 경우 저평가되었다는 뜻이다.

주가현금흐름비율

'PCR(Price Cashflow Ratio)'이라고 부른다. 유동성을 가늠하

는 금융 지표다. 손실이 발생한 경우 주가수익비율 대신 주가현금흐름비율이 적용된다. 이 경우 주가수익비율은 유동성 평가 기준으로서 설득력이 없기 때문이다. 특히 주가현금흐름비율은 기업 경영진이 분식 회계를 하는 경우 타격을 적게 입는다. 주가현금흐름비율이 낮을수록 주식의 가치가 높다.

주식

주식회사에 대한 지분을 증서로 발행한 유가증권이다. 주식 소유주(주주)는 기본적으로 주식회사의 사원이다. 주식회사는 주주에게 주식을 매도하여 자기자본을 마련한다.

주식 병합

주식을 병합하면 한 기업에서 발행한 주식의 수가 감소하거나, 주식의 액면가가 상승한다. 주식 병합 결과 분할 비율에 따라 주가가 상승한다. 예를 들어 주식이 지나치게 낮은 가격으로 거래될 때 주식 병합이 이뤄진다. 바로 이때 페니스톡을 노리고 투자자들이 몰려들기도 한다. 주식 병합의 반대 개념은 액면분할이다.

주식 옵션

계약으로 합의된 권리를 말한다. 주식 옵션은 거래 기간이 한정되어 있다. 대표적으로 콜옵션과 풋옵션 등이 있다. 콜옵션은 옵션 거래 기간 동안 미리 정해 놓은 가격(행사 가격)에 정해진 수만큼 매입할 수 있는 권리를 보장한다. 풋옵션은 주식 시세가 상승할 때 적은 자본을 투입해 시세 차익을 노리는 투기 목적으로 이용된다. 따라서 풋옵션은 시장이 하락할 때 포트폴리오를 방어하는 안전장치로 활용된다.

주식 환매

주식회사가 자사에서 발행한 주식을 다시 매입하는 것을 주식 환매라고 한다. 일반적으로 주식 환매 후에는 주식의 가치가 상승한다. 또는 기업 인수를 막기 위한 조치로 주식 환매가 이루어지기도 한다.

주식형 펀드

펀드매니저가 관리하는 특별 자산으로, 다양한 주식에 투자하는 펀드다. 주식형 펀드 외에도 부동산 펀드, 연금 펀드, 혼합형 펀드가 있다.

주식회사

주식법 1조에 의하면 주식회사는 고유의 법인격이 있는 회사다. 주식에는 주식회사의 자본이 분할되어 있다. 주식회사는 자사 주식을 증시에 상장시킬 수도 있고, 증시를 통해 매도나 재매수할 수 있다.

증거금

흔히 레버리지 투자를 하는 매수자들이 결제를 이행할 때 지불하는 보증금을 말한다. 증거금은 투기가 잘못되었을 때 손실을 청산하는 데 사용된다. 선물 거래나 공매도에서도 증거금이 필요하다.

증시

주식 (혹은 다른 상품)이 거래되는 장소를 말한다. 뉴욕, 런던, 도쿄에 위치한 증권거래소가 가장 대표적이다.

짐 로저스

이른 나리에 주식 투자로 대성공을 거둔 미국의 투자자다. 로저스는 원자재 투자의 황제이자 중국 투자자로도 유명하다.

차액 결제 거래

약어로 'CFD(Contracts for Difference)'라고 불린다. 주식, 원자재, 통화 거래 시에는 시세 차익이 발생한다. 차액 결제 거래는 거래 당사자 간 이러한 시세 차익을 합의시켜주는 일종의 지불 합의다. 차액 결제 거래는 트레이더에게 일정한 기준을 정하지 않고 시세를 정할 수 있도록 허용한다. 차액 결제 거래는 투기성이 강하고 높은 수익을 달성할 수 있다는 점에서 매력적이다. 레버리지 효과가 발생하는 금융 상품으로, 자본을 적게 투입해서 수익을 크게 올릴 수 있다.

차익 거래

시간, 공간이 달라질 때 발생하는 가격 차이를 활용하는 투자법. 예를 들어 여러 지역에서 한 주식에 투자하는 경우 시세가 다를 수 있다. 이 경우 시세가 저렴한 지역에서 주식을 매입해, 더 높은 시세로 다른 지역에서 매도하면 시세 차익을 얻을 수 있다. 하지만 전자상거래 도입으로 시장의 투명성이 꾸준히 증가하면서 유가증권의 차익 거래는 그 의미를 잃고 있다.

찰리 멍거

미국의 법률가이자 가치투자자. 1978년부터 버크셔해서웨이의 부회장으로 활약 중이다.

채권

고정 금리의 유가증권을 말한다. 채권은 은행, 기업, 지방자치단체 등 여러 기관에서 발행한다.

채권 펀드

주로 채권에 투자하는 투자 펀드를 말한다. 채권 펀드에 투자할 경우 특히 금리가 인하되는 시기에 수익을 얻을 수 있다.

채무

한 기업이 공개적으로 책임져야 부채의 총합을 일컫는다.
은행 대출, 각 기업이 발행한 채권(회사채), 고객이 아직 지
불하지 않은 할부금 등을 모두 포함한다. 한 기업의 채무는
대차대조표의 대변에 기입한다.

청산

파생상품, 유가증권, 외환 등을 매입하거나 매도할 때 상쇄
거래를 통해 기존의 부채를 정리하는 것을 뜻한다.

총자본수익률

한 기업이 자본으로 만들어낸 수익의 비율을 뜻한다. 어
떤 기업의 총자본수익률이 10퍼센트라는 것은 이 기업이
100달러의 자본을 투입해 10달러의 수익을 거뒀다는 뜻
이다.

총자산이익률

한 기업이 자산으로 벌어들인 모든 당기순이익의 비율을
뜻한다. 총자산이익률이 10퍼센트라면 100달러의 자산을

투입해 10달러의 당기순이익을 거뒀다는 뜻이다.

턴어라운드

어떤 기업이나 종목이 조직 개혁과 경영 혁신을 통해 실적이 개선되는 상황을 뜻한다.

투기꾼

장기적으로 투자할 목적이 아니라 단기적인 이익을 취하기 위해 주식을 매입한다. 투기꾼들은 리스크가 높은 주식에도 자주 투자한다. 독일어에서 '투기꾼'과 '무책임한 행위'는 동의어로 통한다.

투자 펀드

주식형 펀드, 부동산 펀드, 원자재 펀드, 채권 펀드 등으로 나뉜다. 여러 유형의 펀드에 투자하는 혼합형 펀드와, 여러 혼합형 펀드에 재투자하는 펀드 오브 펀드(재간접 펀드)로 구분하기도 한다. 투자 펀드를 구분하는 또 다른 기준은 접근성이다. 접근성에 따라 투자 펀드는 개방형 펀드와 폐쇄형 펀드로 구분된다. 개방형 펀드의 경우 언제든 채권을 거래할 수 있다. 폐쇄형 펀드인 경우 공모 기간에만 취득할 수 있고 만기가 되면 자본 회사는 펀드를 회수한다.

투자 지표

한 기업의 기본적 성과를 평가하는 모든 지표를 말한다. 배당수익률, 자기자본비율, 자기자본이익률, 주가수익비율, 주가순자산비율, 주가현금흐름비율, 주가매출비율 등이 포함된다.

트레이더

단기간에 유가증권을 매입하고 매도하는 전문 투자자. 이들은 수익성이 높은 분야에 투자해 시세 차익을 노린다.

티본드

10년에서 30년 기간을 두고 운용되는 미국의 단기 국채.

티빌

재무성 단기 증권. 한 달이나 1년 동안만 운용되는 미국의 단기 국채를 일컫는다.

파생상품

다른 금융상품의 시세 변동(기준치)에 따라 가격이 정해지는 금융상품. 파생상품은 각 기준치의 시세 변동을 크게 체감할 수 있도록, 즉 레버리지 효과를 낼 수 있도록 구성되어 있다. 파생상품은 주가가 하락했을 경우 손실에 대비할 수 있을 뿐만 아니라, 기준치보다 주가가 상승했을 때 수익을 얻을 수 있다. 가장 많이 거래되는 파생상품으로는 채무증서, 옵션, 선물, 차액 결제 거래 등이 있다.

펀드

라틴어에서 온 개념으로, 원래는 토지나 땅의 규모를 헤아리는 단위로 활용됐다. 자본주의 시대로 넘어와 펀드라는 단어는 자산과 자본을 아우르는 상위 개념으로 통용되고 있다. 투자 시장에서는 모든 투자 대상을 지칭하는 단어로 쓰인다.

펀드매니저

펀드를 관리하는 사람. 그들이 하는 일은 펀드 자산의 수익률을 최대한 높이고 투자하는 것이다. 펀드매니저는 투자 상황, 투자 원칙, 법적 투자 범위 내에서 투자를 결정한다. 피터 린치와 존 템플턴은 투자 역사에서 가장 성공한 펀드 매니저로 손꼽힌다.

페니스톡

아주 낮은 가격으로 거래되는 주식을 말한다. 유럽에서는 1유로 미만으로 거래되는 주식을 말한다. 미국에서는 5달러 미만으로 거래되는 주식을 페니스톡이라고 부른다. 페니스톡은 주가 변동이 잦고 투기자들이 가장 좋아하는 투기 대상이다.

포트폴리오

한 투자자가 투자한 모든 자산군을 총칭한다.

포트폴리오 이론

광범위하게 분산된 포트폴리오를 통해 유가증권 투자에서 발생할 수 있는 리스크를 줄일 수 있다고 주장하는 이론. 포트폴리오 이론에 의하면 다양한 주식을 한 계좌에 예탁했을 때 유용하다. 포트폴리오 이론은 노벨경제학상 수상자 해리 M. 마코위츠에 의해 개발되었다.

프리 플로트

주식 시장에서 거래되는 한 기업의 주식 거래량을 프리 플로트라고 한다. 특정 투자자들이 장기간 보유하고 있는 주식은 프리 플로트에 포함시키지 않는다.

피터 린치

피델리티 마젤란 펀드를 운용했으며 주식 역사상 가장 성공한 펀드매니저로 손꼽힌다.

하향식 접근 방식

추상적인 영역에서 점차 내려가 구체적인 영역으로 단계적으로 분석해나가는 투자 방식. 먼저 거시 경제와 업계의 전반적인 상황을 관찰하고, 특정 기업이나 원자재 등을 분석한다. '톱다운 투자'라고도 불린다. 이것과 반대되는 개념이 상향식 접근 방식(보텀업 투자)이다.

합병

두 개 이상의 독립적인 기업이 한 기업으로 합쳐지는 것을 말한다.

행동경제학

시장 참여자들이 보이는 비이성적인 행동을 심리학적으로 해석하는 경제 이런. 주식 시장에서 비이성적인 행동을 보이는 대표적인 예로, 벤저민 그레이엄이 만든 가상의 인물 '미스터 마켓'이 있다. 그레이엄은 미스터 마켓이라는 허구의 인물을 만들어 특정 상황에서 투자자들이 비이성적인 행동을 하는 이유를 설명했다.

현금흐름

한 기업의 유동성을 평가하는 기준이다. 현금흐름은 한 기업에 유입되고 유출되는 현금의 차이로 인해 발생한다.

헤지펀드

매우 자유롭게 투자 정책을 적용할 수 있는 투자 펀드다. 헤지펀드는 주로 투기나 헤징(가격 변동으로 인한 손실을 막기 위해 실시하는 금융 거래 행위-옮긴이)을 목적으로 하는 파생상품이다. 파생상품의 레버리지 효과를 통해 막대한 수익을 올릴 수 있지만 그만큼 손실 리스크도 매우 크다.

효율적 시장 가설

줄여서 'EMH(Efficient Market Hypothesis)'라고도 부른다. 금융 시장을 두고 '가만히 두어도 저절로 돌아가는 완벽한 (효율적인) 시장'이라고 주장하는 이론. 시장에 관한 모든 정보는 짧은 시간 내에 모든 시장 참여자에게 제공되며, 따라서 금융 시장에서 가격(주가)은 항상 균형 상태를 유지한다고 주장한다. 효율적 시장 가설 지지자들은 장기적으로 금융 시장에서는 그 누구도 평균치를 웃도는 수익을 얻을 수 없다고 주장한다. 효율적 시장 가설은 노벨경제학상 수상자인 미국의 경제학자 유진 파마가 주창했다. 이후 존 템플턴, 워런 버핏, 벤저민 그레이엄과 같은 가치투자자들이 반론을 제기했다.

미주

1   Vgl. Proctor, William; Phillips, Scott : The Templeton Touch, West Conshohocken 2012, S. 21 f.

2   Templeton, Lauren C.; Phillips, Scott: Die Templeton-Methode, München 2008, S. 15.

3   Proctor, William; Phillips, Scott: The Templeton Touch, West Conshohocken 2012, S. 26.

4   Templeton, John, in der Zeitschrift: Guideposts, September 1982, Seite 18.

5   Templeton, Lauren C.; Phillips, Scott: Die Templeton-Methode, München 2008, S. 22.

6   Vgl. Proctor, William; Phillips, Scott: The Templeton Touch, West Conshohocken 2012, S. 27.

7   Proctor, William; Phillips, Scott: The Templeton Touch, West Conshohocken 2012, S. 33.

8   Berryessa, Norman; Kirzner, Eric, Global Investing: The Templeton Way, Homewood 1988, S. 4.

9   Vgl. Proctor, William; Phillips, Scott: The Templeton Touch, West Conshohocken 2012, S. 18.

10 Vgl. Davis, Jonathan; Nairn, Alasdair: Templeton's Way with Money, Hoboken 2012, S. 2.

11 Vgl. Herrmann, Robert L., Sir John Templeton: From Wall Street to humility theology, Radnor 1998, S. 100.

12 Herrmann, Robert L., Sir John Templeton: From Wall Street to humility theology, Radnor 1998, S. 101.

13 Templeton, Lauren C.; Phillips, Scott: Die Templeton-Methode, München 2008, S. 24.

14 Vgl. Herrmann, Robert L., Sir John Templeton: Supporting Scientific Research for Spiritual Dicoveries, Radnor 2004, S. 102.

15 Herrmann, Robert L., Sir John Templeton: Supporting Scientific Research for Spiritual Dicoveries, Radnor 2004, S. 102.

16 Vgl. Herrmann, Robert L., Sir John Templeton: Supporting Scientific Research for Spiritual Dicoveries, Radnor 2004, S. 109.

17 Vgl. Proctor, William; Phillips, Scott: The Templeton Touch, West Conshohocken 2012, S. 37.

18 Herrmann, Robert L., Sir John Templeton: From Wall Street to humility theology, Radnor 1998, S. 111.

19 Herrmann, Robert L., Sir John Templeton: Supporting Scientific Research for Spiritual Dicoveries, Radnor 2004, S. 112.

20 Templeton, Lauren C.; Phillips, Scott: Die Templeton-Methode, München 2008, S. 29.

21 Vgl. Herrmann, Robert L., Sir John Templeton: From Wall Street to humility theology, Radnor 1998, S. 112 f.

22 Proctor, William; Phillips, Scott: The Templeton Touch, West Conshohocken 2012, S. 39.

23 Morrien, Rolf; Vinkelau, Heinz: Alles, was Sie über Charlie Munger

wissen müssen, München 2018, S. 15.

24 Lynch, Peter; Rothchild, John: Der Börse einen Schritt voraus, Kulmbach 2018, S. 80.

25 Studpoker ist eine Pokervariante, bei der jeder Mitspieler einige offene und einige verdeckte Karten erhält.

26 Lynch, Peter; Rothchild, John: Der Börse einen Schritt voraus, Kulmbach 2018, S. 120.

27 Vgl. Herrmann, Robert L., Sir John Templeton: Supporting Scientific Research for Spiritual Dicoveries, Radnor 2004, S. 112 ff.

28 Proctor, William; Phillips, Scott: The Templeton Touch, West Conshohocken 2012, S. 58.

29 Vgl. Templeton, Lauren C.; Phillips, Scott: Die Templeton-Methode, München 2008, S. 53 ff.

30 Herrmann, Robert L., Sir John Templeton: Supporting Scientific Research for Spiritual Dicoveries, Radnor 2004, S. 126 f.

31 Proctor, William; Phillips, Scott: The Templeton Touch, West Conshohocken 2012, S. 57.

32 Proctor, William; Phillips, Scott: The Templeton Touch, West Conshohocken 2012, S. XII.

33 Proctor, William; Phillips, Scott: The Templeton Touch, West Conshohocken 2012, S. 50.

34 Herrmann, Robert L., Sir John Templeton: From Wall Street to humility theology, Radnor 1998, S. 125.

35 Vgl. Proctor, William; Phillips, Scott: The Templeton Touch, West Conshohocken 2012, S. 72.

36 Berryessa, Norman; Kirzner, Eric, Global Investing: The Templeton Way, Homewood 1988, S. 134.

37   Templeton, Lauren C.; Phillips, Scott: Die Templeton-Methode, München 2008, S. 213 ff.

38   Herrmann, Robert L., Sir John Templeton: From Wall Street to humility theology, Radnor 1998, S. 125 f.

39   Vgl. Herrmann, Robert L., Sir John Templeton: Supporting Scientific Research for Spiritual Dicoveries, Radnor 2004, S. 127 f.

40   Vgl. Proctor, William; Phillips, Scott: The Templeton Touch, West Conshohocken 2012, S. 70f.

41   Herrmann, Robert L., Sir John Templeton: From Wall Street to humility theology, Radnor 1998, S. 130.

42   Proctor, William; Phillips, Scott: The Templeton Touch, West Conshohocken 2012, S. 140.

43   Vgl. Herrmann, Robert L., Sir John Templeton: Supporting Scientific Research for Spiritual Dicoveries, Radnor 2004, S. 142.

44   Herrmann, Robert L., Sir John Templeton: Supporting Scientific Research for Spiritual Dicoveries, Radnor 2004, S. 138.

45   Davis, Jonathan; Nairn, Alasdair: Templeton's Way with Money, Hoboken 2012, S. 63.

46   Davis, Jonathan; Nairn, Alasdair: Templeton's Way with Money, Hoboken 2012, S. 68.

47   Berryessa, Norman, Kirzner, Eric: Global Investing: The Templeton Way, Homewood 1988, S. 186.

48   Davis, Jonathan; Nairn, Alasdair: Templeton's Way with Money, Hoboken 2012, S. 70 ff.

49   Davis, Jonathan; Nairn, Alasdair: Templeton's Way with Money, Hoboken 2012, S. 63.

50   Davis, Jonathan; Nairn, Alasdair: Templeton's Way with Money,

Hoboken 2012, S. 76 ff.

51   Davis, Jonathan; Nairn, Alasdair: Templeton's Way with Money,
      Hoboken 2012, S. 82.

52   Templeton, Lauren C.; Phillips, Scott: Die Templeton-Methode,
      München 2008, S. 71.

53   Proctor, William; Phillips, Scott: The Templeton Touch, West
      Conshohocken 2012, S. 149.

54   Berryessa, Norman; Kirzner, Eric: Global Investing: The Templeton
      Way, Homewood 1988, S. 84.

55   Vgl. Morrien, Rolf; Vinkelau, Heinz: Alles, was Sie über Benjamin
      Graham wissen müssen, München 2018.

56   Templeton, Lauren C.; Phillips, Scott: Die Templeton-Methode,
      München 2008, S. 10.

57   Templeton, Lauren C.; Phillips, Scott: Die Templeton-Methode,
      München 2008, S. 222.

58   Herrmann, Robert L., Sir John Templeton: Supporting Scientific
      Research for Spiritual Dicoveries, Radnor 2004, S. 143.

59   Herrmann, Robert L., Sir John Templeton: Supporting Scientific
      Research for Spiritual Dicoveries, Radnor 2004, S. 143.

60   Davis, Jonathan; Nairn, Alasdair: Templeton's Way with Money,
      Hoboken 2012, S. 82.

61   Vgl. Thomas, Nick in: aktien Magazin vom 22.03.2017: Mit
      spiritueller Erleuchtung zur Hammer-Rendite – Sir John Templeton
      (https://aktien-mag.de/zitate/mitspiritueller-erleuchtung-zur-hammer-rendite-sir-john-
      templeton/p-4450/)

62   Vgl. Morrien, Rolf; Vinkelau, Heinz: Alles, was Sie über Warren
      Buffett wissen müssen, München 2018.